歴史文化ライブラリー

278

江戸の文人サロン

知識人と芸術家たち

揖斐 高

吉川弘文館

目　次

1　「サロン」と「文人」──プロローグ

西洋のサロンと江戸のサロン

フランスでは十八世紀にパリでサロン文化が花盛りを迎えた。ランベール侯爵夫人、デュ・メーヌ公爵夫人、タンサン夫人、デュ・デファン夫人など貴族の夫人たちによって、その邸宅の客間《サロン》に、お気に入りの貴族・学者・作家・芸術家・外交官などが招かれた。そうしたサロンでは学問や政治や文学や芸術などが談笑のうちに議論され、そこから時代の先端を行く学問や芸術の動きが生み出されたという。フランスの知識人や芸術家にとって有力なサロンに出入りすることは、世俗的な成功を手にするために必要な手段でもあった。

同じ頃、イギリスのロンドンでは町のあちこちにできたコーヒーハウスに、日々、学者や芸術家や貿易商や株仲買人たちが集まって議論に花を咲かせた。彼らはコーヒーやお茶を飲みながら、新聞を読み、情報屋がもたらすさまざまな情報を耳にし、政治や外交や経済、そして文学や芸術について討論したという。コーヒーハウスは誰でも出入りできる開放的な場所であったが、やがて階級や職業や政治的な立場などによって選別された者だけが参加できる、クラブという閉鎖的な組織も結成されるようになり、そこもまた情報の交換と議論の場所として、文化史的に注目すべき役割を果たしたとされている。

そのようなヨーロッパの文化サロンに匹敵するものが、江戸時代の日本にもなかったわけではない。日本でも十八世紀になると、京都・江戸・大坂という三都を舞台にして、文人と呼ばれる知識人たちの寄り合いの場が数多く見られるようになった。それらは「何々社」「何々会」、さらにはやや大衆的なサブカルチャー的な集まりの場合には「何々連《れん》」などと呼ばれた。

そうした寄り合いの場では、文人や知識人たちが学問や詩・文・書・画、そして和歌・狂歌などの文雅を媒介にして交遊した。しかし、それは当然のことながら、フランスのサロンやイギリスのコーヒーハウスと同じものではない。江戸のサロンでは、フランスのサロンのようにそれを主宰する女主人はいなかったし、イギリスのコーヒーハウスのように政治や外交そして経済問題が議論されることはまずなかった。

サロンという概念を普通名詞として定義することは難しいが、とりあえずは、知識人が自由に離合集散して談笑・議論し、社交する場と規定することにする。そして、本書では江戸時代の文人たちの寄り合いの場にもサロンという名称を与えることにしたいと思う。それは、江戸時代の文人たちの寄り合いの場を一般化し、西洋的なサロン、あるいは他の時代の知識人たちの寄り合いの場との比較を可能にしておくためである。

しかし、本書が目的とするのは、西洋あるいは他の時代と江戸のサロンとの比較ではない。江戸の文人サロンの特徴はどのようなところにあるのか、そして江戸の文人サロンにはどのような文化史的な問題が存在しているのか、そのことを具体的な事例を明らかにしつつ、考察してみたいと思う。

文人の登場

そこで問題になるのは「文人」という言葉である。さきほど、「文人と呼ばれる知識人」という言い方をしたが、文人と知識人とは同義語ではない。ここで言う文人とは、知識人の東洋的な一つのあり方を指している。

もともと文人とは、文事にすぐれ文徳のある人という意味であり、武人の対語であった。これが文人という言葉の原義であり広義であるが、中国においては六朝期以後、宋・元・

明という時代を経て、知識人の一類型としての文人が成立した。文学史や文化史の記述において用いられる文人という言葉は、後者の狭義の文人の謂《いい》である。日本でもこうした中国的な文人像の影響を受けながら、江戸時代中期になると文人層が登場することになるが、吉川幸次郎「文人の発生」（中国詩人選集二集『元明詩概説』）や中村幸彦「近世文人意識の成立」（『中村幸彦著述集』第十一巻）などをもとにして、狭義の文人の要件を箇条書にまとめると次のようになろう。

① 読書人であり、高度の知識人である。
② 重大な政治権力の行使に直接的には関わらない。
③ 詩文書画など古典的な文学・芸術に堪能で、かつ多芸多才である。
④ 世俗的な価値基準より自己の内面的な精神生活の充実を重視し、反俗的・隠逸的・尚古的な姿勢を示す。

このような要件を満たす文人が日本に登場するのは、江戸時代の半ば近く享保年間（一七一六〜三六）頃とされ、服部南郭《はっとりなんかく》、祇園南海《ぎおんなんかい》、柳沢淇園《やなぎさわきえん》などが上記のような要件を満たす文人的な生き方を示したとされている。

江戸幕府が開かれて以来一〇〇年余りの太平の時代を経たこの時期、身分制度を根幹とする封建社会の膠着《こうちゃく》化が進行していた。その一方で、教育の普及と学問の興隆による知識人層の増加という現象も起きていた。高度な学問を修め、豊かな才能を開花させても、世襲的な身分制度に縛られた封建社会では、有為《ゆうい》な人材が自己の能力を発揮する場を得ることは容易ではない。世に埋もれざるを得ない有為の知識人たちは、自分を受け入れない現実社会に対し疎外感を抱くようになる。彼らは現実社会に関わる経世有用の学問から遠ざかり、詩文書画などの古典的な文学・芸術の世界に遊ぶことによって、疎外された自我意識を癒そうとし、そこに現実世界とは別の自己を解放しうる空間を見出そうとした。こうした社会的な状況が江戸時代中期における文人の登場を準備した。

交遊という価値

現実社会を卑俗なものとして拒絶しようとした文人たちが、代わりに憧憬したのは、儒学を学ぶことによって知った、理想的な古代中国社会のあり方であり、儒学・漢学の古典に見られる温雅な優美さ、すなわち風雅というものであった。現実社会に満ち溢れる卑俗さを排除しつつ、みずからの生活を尚古的な心情と風雅の理念によって美化し、芸術化すること、それが江戸文人たちの庶幾《しょき》するところであった。江戸の文人サロンとは、まず基本的にはそのような知識人たちの思いを具現化する場として存在するようになったと考えてよい。

したがって、江戸の文人サロンは、俗世間における身分や地位や金銭というものを超越した、精神的な共同体として構成されなければならなかった。出自が武士か町人か農民かということは問題にされず、豪富の商人であろうと貧窮な浪人であろうと、文人サロンにおいて各個人は原則的には対等でなければならなかった。サロンに集う文人たちを律する基準は、古典を学ぶことによって身に付けた、現実社会よりも古代社会を優れたものと感ずる尚古的な心情であり、古典的な学芸の本質ともいうべき風雅という価値の前では平等であるという意識だった。

もちろん、そのような精神的な共同体が存在するためには、個人の成立が必要だった。そして、個人の成立には、都市の成熟が決定的に重要な役割を果たした。江戸時代において京都・江戸・大坂は三都と呼ばれ、日本を代表する三つの大都市として認識されたが、そのほかにも名古屋や仙台や広島など城下町としての地方都市や、新潟や長崎など城下町以外の地方都市も多く生まれた。

なかでも幕府の置かれた江戸は、江戸時代中期には人口が一〇〇万人を越えたとされる巨大都市である。「江戸は諸国の掃き溜め」と言われたように、江戸には地方の郷村地帯から多くの人々が流入し、人口の増加に拍車をかけた。そのようにして江戸には、地縁的あるいは血縁的な共同体の束縛から解き放たれた人々が数多く住み着くようになった。中世のヨーロッパには「都市の空気は自由にする」という諺《ことわざ》があったというが、大江戸と呼ばれるようになった巨大都市江戸をはじめ、日本の各地に形成された都市の空気が、そこに住む人々を自由にし、結局は士農工商という言葉に象徴されるような封建的な身分制度の枠組みから逸脱する、独立した自由な個人を生み出していった。文人サロン成立の根底に存在したのは、そのような独立した個人の誕生であった。

精神共同体としてのサロンを構成した文人たちにとって、何よりも重要なことは自立した個人同士の「交遊」であった。詩文書画という古典的な学芸、また時には古典的な学芸のパロディとしての狂歌や狂詩、あるいは蘭学という異国の学芸を媒介にした交遊こそが、精神共同体としてのサロンを成り立たせる紐帯《ちゆうたい》となった。

山崎正和氏は『社交する人間』のなかで、人間にとっての「社交」の意義を、次のように読み解いている。「社交のなかでこそ、人は典型的に歴史的な過去をつくり、あらためてそれを現在に蘇らせる時間的な営みを繰り返してきた」。そして、「社交集団」の背後には「必ず規範となる異質文化が大きな影を落として」おり、それらは「いずれも理想化された遠い世界の文化であった。そしてその内容はそれぞれの時代の社交人が、みずからの慣習のなかで漠然と肯定し、無意識に従っていた傾向を明確化して仮託したイメージであった」。

山崎氏の言う「社交」を「交遊」に、「社交集団」を「サロン」という言葉に置き換えれば、この山崎氏の「社交」という現象の文化史的な解説は、そのまま江戸の文人サロンにおける「交遊」を規定する文章になるであろう。封建的な枠組みを逸脱して個人としてサロンに集った文人たちは、古典的（儒学・漢詩文・国学・和歌的）な、あるいは異国的（蘭学的）な文雅の交遊を媒介にして自己を表現し、同時にその場において自己と同質の他者を認知することによって、みずからのアイデンティティを確認しようとしたのである。地縁や血縁による世俗的な共同体とは別の、もう一つの精神的な共同体への帰属感を保証してくれる場、それが江戸の文人たちにおけるサロンというものであったといってよい。

情報の交換と流通

西洋のサロンが必ずしもはっきりとした目的を掲げず、主宰者の女主人の存在やコーヒーハウスという場所が核になって形成されたのに対し、江戸のサロンはむしろ明確な目的のもとに形成された。本書で具体的に取り上げることになる、詩社、狂歌会、蘭学サロン、事物考証の会などは、いずれも明確な目的のために開かれたサロンである。漢詩を学んだり作ったりすること、狂歌を詠み合って楽しむこと、蘭書を翻訳したり蘭学を研究すること、奇物や奇談を蒐集し考証することなどが、それらのサロンの目的であった。

このような限定的な目的のもとに開かれた文人サロンでは、その目的に関わる情報の交換と流通は、サロンに期待される重要な意義の一つであった。江戸時代は出版が飛躍的に発展し、幹線道路の五街道は整備され、飛脚制度も確立された時代である。そういう点では、それまでの時代に比べ、情報の流通条件は格段に良くなったといってよい。しかし、都市の発達や社会の大衆化による情報量の増大にはめざましいものがあり、上記程度の流通条件の発達で、十分な対応が可能だったとは思われない。

何よりも情報の備蓄施設、たとえば図書館のようなものの整備は決定的に遅れていた。公的なものとしては幕府の図書館である紅葉山文庫《もみじやまぶんこ》、昌平黌《しょうへいこう》の蔵書、各藩の藩校の蔵書、由緒ある寺社の蔵書などが、敢えて言えば公的な意味合いを備えた図書館と言えるかもしれないが、しかし、それらは誰でもが自由に利用できる公開施設ではなく、蔵書内容も儒学・国学などが中心であって情報が網羅的に蓄えられていたわけではない。江戸時代において、各人の生活世界を越えた情報を手に入れることは、それほど簡単なことではなかった。

第四章の「奇物奇談の考証サロン」で取り上げるように、江戸時代には書物からの抄書や、見聞した事柄の書留を主たる内容とする大部な随筆が数多く編まれたが、それらは個人によるたゆみない情報蓄積の努力の跡を示すものにほかならない。江戸時代においては、公的な情報の備蓄施設が貧弱だったために、必要な情報を入手し蓄積してゆくには、個人対個人の関係のなかで情報を交換し流通することが不可欠だった。ましてや特別な分野の情報については、特段の努力なしに有益な情報を得ることは不可能だったといってよい。文人サロンはそうした情報の交換・流通の場として機能したのである。第三章「蘭学と桂川サロン」で取り上げるように、幕府奥医師《おくいし》の桂川家が長らく蘭学者たちのサロンになったのは、サロンの主人である桂川家の当主の寛容な人柄ということもあったであろうが、幕府奥医師という役職によって、良質の蘭学情報が桂川家には多く蓄積され、流入していたからであった。

文人サロンとジャーナリズム

文人サロンにおける交遊の媒介になったのは、基本的には詩文書画という古典的な学芸であったが、それを裏返して言えば、こうした古典的な学芸の大衆化があったからこそ、文人サロンが成立し得たということでもある。学芸の大衆化は必然的に学芸情報の氾濫を招来する。そして何であれ大衆化した世界では、氾濫する情報の交通整理が求められるようになり、そこにジャーナリズムが発生する。文人サロンもまた学芸の大衆化にともなって発生したジャーナリズムと無縁ではあり得なかった。

とくに、江戸時代後期においてサロンに集まった文人たちのなかには、職業文人が数多く含まれていた。彼らは幕府や藩に仕えたり、あるいは商業や農業に従事するかたわら好きな学芸に遊ぶというのではなく、都市に門戸を構え、時には地方へ遊歴に出かけて、自分の揮毫《きごう》した詩文書画を売ったり、詩文書画の技芸を門人たちに教授することで生計の糧を得ていた。

彼らのなかには、たとえば漢詩の批評誌『五山堂詩話』十五巻を年々続刊して、掲載料と引き換えに当代の素人詩人たちの作品を紹介・批評した菊池五山《きくちござん》のように、ジャーナリズムをみずから作り上げ、それを運営することで生計を立てたような文人も登場した。あるいは、そのようなジャーナリズムに乗って流行詩人となり、漢詩人としての収入だけで江戸に大きな邸宅を構え、豪奢な生活をした大窪詩仏《おおくぼしぶつ》のような文人も生まれた。次に紹介するのは、清水礫洲《しみずれきしゅう》の随筆『ありやなしや』に記されている、詩仏が神田お玉が池に建てた詩聖堂の文政年間（一八一八〜三〇）頃の景況である。

お玉が池の裡《うち》なれども、詩聖堂と云は二階屋にて、上は塾生、下は家内の住居なり。お玉が池三四百坪の地にて、蓮を種《うえ》、柳を植、池のほとりに翠舎屠蘇《すいしやとそ》といふ一室を作り、はき庭の体《てい》にて、飛石伝ひ十五六畳の座敷あり。先生それに住して来客に接し、人のもとめに応じて書画を揮毫す。後に其脇に唐石軒と云葺却《ふきおろし》の八畳敷程の一室を造る。これは宋唐の碑本をかけ尽るが為めなり。食客塾生男女等十余人、料理人一人あり。日々に推㆑鮮割㆑薪《せんをおしたきぎをさき》、来客絶る事なし。其頃は歳入三四百金なりしと云。

流行詩人としての人気によって、詩仏の年収は三、四百両にもなったというが、これは職業文人としては破格の高収入であった。そのような職業文人たちにとって、おのれの専門とする学芸に対する世間の評価については、それが収入の多寡に直接響いてくるだけに、敏感にならざるを得ないものだった。そこで、ジャーナリズムを利用して世間の評価を誘導し、売名と射利《しやり》を図ろうとする動きも現れた。それが第五章「文人サロンの喧騒」で取り上げる書画番付騒動である。大窪詩仏と菊池五山中心のサロンに集まる職業文人たちが、自分たちに都合の良いように江戸の文人を格付けして出版した番付がもとになり、江戸の文人界全体を巻き込むスキャンダルに発展した騒動である。

そもそも文人サロンは俗世間の価値とは別の価値に基づく、文雅を媒介とした精神的な共同体として生まれ出たものであった。しかしその一方で、文人サロンは文雅の大衆化なしには成立し得ないものでもあった。文雅の大衆化は、必然的にジャーナリズムを発生させ、俗世間的な価値から超越した精神的な共同体としての文人サロンに、世俗的な名声や金銭的な利益という俗世間の価値を、改めて導き入れることになったのである。そういう意味で、文人サロンにとって文雅の大衆化は諸刃の剣であった。江戸の文人サロンは文雅の大衆化によってはじめて成立し得たものの、文雅の大衆化のさらなる進展によって解体への道を歩まざるを得なくなったものでもあった。そうした過渡的な様相の中にこそ、江戸の文人サロンの本質は現れているというべきであろう。

商都大坂の漢詩サロン

混沌以前

詩社という文人サロン

江戸の文人サロンを代表するものとして、まず挙げるべきは詩社であろう。漢詩を学び、作り、楽しむための結社である。漢詩は中国伝来の詩形式であり、もともと日本人にとって漢詩を作るということは、儒学を学ぶことと一体化したものだった。したがって江戸時代においても、人々が集って詩を作る詩会は、多く儒学の塾における修学の一部として、あるいは儒学の塾の修学後の楽しみとして行われていたため、当初は詩会を学塾と区別する意識がなく、伊藤仁斎《じんさい》の学塾を古義堂《こぎどう》、荻生《おぎゅう》徂徠《そらい》の学塾を蘐園《けんえん》などというように、学塾が固有名詞で呼ばれることはあっても、詩会を固有名詞で呼ぶことはあまりなかった。

ところが、儒学と漢詩文とを別のものとして意識する時代が到来すると、儒学を学ぶことと切り離して、もっぱら漢詩文を作って楽しむ集まりが持たれるようになった。それが詩社という文人たちのサロンに成長するのである。そうした詩社に固有の名称が付けられたもっとも早い時期のものとされるのが、享保十年（一七二五）頃に摂津国池田に結成された呉江社《ごこうしや》である。荻生徂徠とともに柳沢吉保《やなぎさわよしやす》に仕えた儒者であった田中桐江《たなかとうこう》が、奸臣《かんしん》を斬って出奔《しゆつぽん》し、諸国を放浪したのち池田に隠遁《いんとん》して、詩社呉江社を結成したという。

その後十八世紀の後半になると、京都・江戸・大坂のいわゆる三都のほか、日本の各地にも詩社が次々と成立した。京都では龍草廬《たつそうろ》の幽蘭社《ゆうらんしや》や江村北海《えむらほつかい》の賜杖堂《しじようどう》という詩社が開かれ、江戸では安達清河《あだちせいか》の市隠堂《しいんどう》や市河寛斎《いちかわかんさい》の江湖詩社《こうこししや》が開かれた。そして、同じ頃に大坂で混沌社という詩社が開かれたが、この混沌社《こんとんしや》の実態をまず明らかにすることで、江戸時代の文人サロンの典型的なあり方を示してみたいと思う。

町人の学問所

町人による、町人のための学問所として、学問好きの町人有志によって大坂に懐徳堂が設立されたのは享保九年、幕府の許可を得て半官立になったのは二年後の同十一年である。朱子学を中心に教えたが、広く陽明学や古学派の儒学も排斥しなかった。同年に定められた「壁書《かべがき》」（学則）には、「学問は忠孝を尽し、職業を勤むる上にこれある事に候。講釈も唯《ただ》右の趣を説きすすむる義に候へば、書物持たざる人も聴聞くるしかるまじく候事、但し叶はざる用事出来候はば、講釈半ばにも退出これあるべく候」と記されている。

町人として家業優先を前提に、自由な体制で教育が行われていたことがわかる。そのような学風のなかから多くの町人学者が生まれた。なかでも醬油醸造業を営む道明寺《どうみょうじゃ》屋に生まれ、仏典や仏教学説の成立展開を批判的に研究した書物『出定後語《しゅつじょうごご》』（延享二年〈一七四五〉刊）を著した富永仲基《とみながなかもと》や、豪商升屋《ますや》の番頭をつとめ、地動説と無神論を唱え合理的な経済政策を主張する『夢の代《ゆめのしろ》』（文政三年〈一八二〇〉成）を著した山片蟠桃《やまがたばんとう》は、懐徳堂が生んだ優れた学者だった。

儒学の研究や教育が盛んになれば、それにともなって漢詩文を作る能力が求められるようになり、積極的に漢詩文を作ろうとする風潮も生まれてくる。しかし、懐徳堂は道理の究明や道徳の研鑽《けんさん》を旨とした朱子学中心の学問所であり、作詩文の教育には必ずしも熱心でなかった。これに対し、十八世紀中葉の儒学界において作詩文について積極的な姿勢を示したのは、古文辞学《こぶんじがく》を標榜する荻生徂徠一門すなわち蘐園の門流であった。蘐園の門流はなぜ作詩文に積極的だったのか。徂徠の提唱した古文辞学は、儒教経典の真意を理解するためには古代中国語の正確な読解力を身に付けることが不可欠だとした。そして、みずからも漢詩文を作ることによって、論理だけでは捉えきれない人間の心の働きというものを、言語表現のありようを通して理解することが重要だとしたからである。

大坂の蘐園派

こうした蘐園の学問を大坂の地にもたらした早い時期の人とされるのが、享保十六年から寛保元年（一七四一）まで在坂した林東溟《とうめい》である。東溟は荻生徂徠門下の長門萩藩儒山県周南《やまがたしゅうなん》の門人で、大坂で塾を開いて講説するかたわら、蘐園関係の書物を出版した。多治比《たじひ》郁夫氏によると、東溟編の『林塾明月篇《りんじゅくめいげつへん》』（延享三年刊）には二五名の東溟門下の作が収められているが、うち大坂関係の門人は七名だという。

東溟に次いで延享元年（一七四四）頃に来坂し、蘐園の学問を大坂の地に広めた儒者に、菅沼東郭《すがぬまとうかく》と菅甘谷《かんかんこく》がいる。菅沼東郭は医を業としながら蘐園の古文辞学を講義した。多治比氏によれば、門下には医者と役人が多かった。もう一人の菅甘谷は、もと岸和田藩士で江戸に出府した際に徂徠に従学し、のち藩を致仕して大坂で塾を開き古文辞学を教えた。医者や商人の門人が多かったという。

これら三人の儒者はいずれも蘐園の流れを汲んで、経学だけでなく古文辞の学修と漢詩文の創作にも力を注いだ。特に菅甘谷の門下からは次代の大坂の学芸を担う人材が輩出した。兄楽郊《えのらくこう》、田中鳴門《めいもん》、細合半斎《ほそあいはんさい》、篠崎三島《さんとう》、岡公翼《おかこうよく》、葛子琴《かつしきん》などである。兄楽郊は傑出した才の持ち主だったようだが、早世したため事跡が詳らかでない。田中鳴門は通称を金屋七郎右衛門、鍋釜の製造を業とした。細合半斎は通称江嶋屋八郎右衛門、学半塾という塾を開いて書や漢学を教えた。篠崎三島は通称伊予屋長兵衛、はじめ両替商を営み、のち儒者に転じた。岡公翼は町医者、また葛子琴も通称を橋本貞元という町医者だった。

甘谷塾の詩社

菅甘谷の塾において、漢詩文教育はどのように行われていたのか。『甘谷先生遺稿』（安永四年〈一七七五〉刊）巻下に収める「会業約」によってその様子を窺うことができる。「会業約」というのは、甘谷の塾における詩社の運営規則のようなものであるが、甘谷は宝暦十四年（一七六四）に七十四歳で没しているので、おおよそ宝暦年間のものと考えてよい。五箇条からなるが、たとえばその第一条には、「社盟を結んで詩作修業するのは、励まし合って道に進むためであって、才能を競い合ったり、風流に遊ぶためのものではない。したがって心を込めて取り組むべきで、軽率であってはならない」と記されている。まさに学業の一環としての「会業」であった。甘谷門下の詩社は、興に乗って詩を詠み合い、楽しく交遊するという場ではなかったのである。

木村蒹葭堂のサロン

井原西鶴《いはらさいかく》が『日本永代蔵《にほんえいたいぐら》』巻一の「浪風静に神通丸」で、その商業活動の殷賑《いんしん》と町並みの壮観を称賛したように、瀬戸内海の舟運によって米をはじめ諸国の物産が集積する大坂は、日本一の商都であり、豊かな町人の多い町だった。したがって、詩社も儒者の「会業」として開かれただけでなく、学芸好きの町人のもとでも開かれることになった。菅甘谷門下の詩社とほぼ同じ頃、大坂北堀江で坪井屋吉右衛門という通称で酒造業を営んでいた木村蒹葭堂《けんかどう》が開いた蒹葭堂会は、そうしたものの一つであった。木村蒹葭堂は奇物珍籍の蒐集家として名高く、そのコレクションを目当てに全国各地から来客が日々途絶えることがなかったことは『蒹葭堂日記』に詳らかであるが、蒹葭堂は本草《ほんぞう》学・博物学のほかに詩文書画にも堪能な雅人だった。

野間光辰氏によれば、蒹葭堂会は宝暦八年頃に始まり、少なくとも宝暦十四年頃までは続いたようだ。宝暦八年八月十六日の会の記録と推定されている『蒹葭堂会稿』には一七名の詩が書き留められていたという。あらかじめ定められた題で詠む兼題《けんだい》として「擬登岳陽楼《がくようろうにのぼるにぎす》」、詩会当日、押韻すべき韻字や詩題を分担して詠む分韻・分題の詩としては「贈木世粛《ぼくせいしゅくにおくる》」「明妃曲《めいひきょく》」「子夜呉歌《しやごか》」「白紵詞《はくちょよし》」「塞下曲《さいかきょく》」「関山月《かんさんげつ》」などの詩が見えている。これらは詩題・作風ともに、まったく古文辞派の擬唐詩といってよいものである。

図1　木村蒹葭堂肖像（『近世名家肖像』より）

参加者一七名の中には、会主の蒹葭堂は当然のことながら、先ほど菅甘谷の門人として名前を挙げた兄楽郊、田中鳴門、細合半斎、篠崎三島、岡公翼、葛子琴がすべて含まれているほか、それ以外に注目される人物として、片山北海、福原丹庵《たんあん》、福原承明《しょうめい》、阪東《ばんどう》道斎、鳥山崧岳《とりやますうがく》などの名前が見られる。片山北海は越後新潟の農家に生まれ、京都に遊学して徂徠学派の宇野明霞《めいか》に入門、宝暦三、四年頃に大坂に来住して塾を開いた。蒹葭堂の漢学の師でもあった。福原丹庵と福原承明は父子で、大坂の町医者。阪東道斎は阿波出身の商人。鳥山崧岳は越前府中に生まれ、京都に遊学して伊藤東涯《とうがい》に儒学を、香川修庵《しゅうあん》に医学を学び、宝暦六年に大坂に来住した。

蒹葭堂会の規則

この蒹葭堂会はどのような雰囲気の会だったのか。それを知ることのできる資料が、宝暦十三年の春に蒹葭堂が定めた六箇条からなる「草堂会約」である。もとは漢文であるが、現代語訳して紹介しておこう。

一、詩会の場では、潜心熟読することが必要である。疑惑の処は質問すべきで、曖昧なままにするのはよくない。あっさりとした態度を心がけ、面倒が起こらないように務めるべきである。退席する時は出来た作品をもう一度読み返すべきである。

一、詩会は、春と夏は昼に開き、秋と冬は夜に開くこととする。それぞれ時間を定め、昼は八つ時（午後二時）に始め、七つ時（午後四時）に終わることとし、夜は暮六つ（午後六時）に始め、五つ（午後八時）に終わることとする。開始や終了の時間は遅れないようにすることが望ましい。

一、詩会の日に用事のため欠席する場合は、前もって会主に断りを入れ、その時に次にはいつ出席できるかを約束すべきである。

一、詩社での交友は、兄弟の交わりと同様である。したがって座席は、必ずしも主客の区別を必要としない。いつもの仲間だけの会ならば年齢順とするが、賓客のある場合には、別に席順を考えることとする。

一、会に集まると、詩や文を作るために、題を決め、韻字を分担するが、静坐沈吟し、よく考えて表現を工夫すべきである。速く作ろうなどとは思わず、一字一句、瑕《きず》のない勝れた作品を作ることが求められる。談笑は最も集中を妨げるものであるから、戒められるべきである。満座の人が作り終わるまで私語は許されない。出席者は各自そのことを肝に銘じる必要がある。

一、毎月の一日と十五日の午後には、山や川あるいは郊外の景勝地に遊び、孔子の門人の曾皙《そうせき》が「沂《き》に浴し舞雩《ぶう》に風《ふう》して詠じて帰らん」（『論語』先進）といった風雅の楽しみに倣いたい。しかし、その場合でも日暮れまでには帰ることとする。

なかなか厳格な規則の下に運営されていた会であることがわかる。談笑のうちに詩作するなどもってのほかと定められていることなどは、先に紹介した菅甘谷の「会業約」に近い。ただ、甘谷の「会業約」と大きく異なるのは、第六条の毎月の一日と十五日は同人うち揃って郊行を楽しむという規定で、蒹葭堂会が甘谷の詩社のように詩作修業一辺倒のものではなく、貴賤の区別をしない（第四条）、サロン的交遊も兼ねたものだったことが窺われる。

蒹葭堂会の中絶

しかし、蒹葭堂会は宝暦十四年頃には中絶してしまったようだ。宝暦十三年の春に蒹葭堂が定めた「草堂課条」の中に、日暮れ時にはその日一日の家業を点検して、戌候（午後八時）以後、余力があれば「詩文書学」に従事するとあり、また、家業は父祖から受け継ぎ子孫に遺すものであるから、けっして忽《ゆるが》せにしてはいけないとも記されている。つまり、蒹葭堂にとって家業を優先することは譲れない大原則であった。結局、蒹葭堂は家業と会の主宰を両立することができなくなり、蒹葭堂会を中絶することになったのである。また、『巽斎翁遺筆《そんさいおういひつ》』にみずから「余弱冠より壮歳の比《ころ》まで、詩文を精究す。応酬《おうしゅう》の多きに因《よっ》て、贈答に労倦《ろうけん》し、況《いわんや》才拙にて、敏捷なること能はず、大に我胸懐に快ならず。交誼に親疎あり、障《さわ》りあるを覚ふ」とも記しているように、儀礼的なものも含めて頻繁な詩文の贈答応酬が、蒹葭堂にとっては負担になりつつあったという事情もあったものと思われる。

混沌社の成立

甲会と乙会

蒹葭堂会中絶の後を継ぐ形で、大坂の地に結成された詩社が混沌社である。混沌社結成の様子については、『混沌社唫稿《ぎんこう》』と題する写本によって知ることができる。明和二年（一七六五）九月、もと龍草廬の門人で宝暦十年（一七六〇）頃に来坂した医者佐々木魯庵《ささきろあん》の提唱で詩社が結ばれることになり、蒹葭堂会の同人でもあった四十三歳の片山北海が盟主に推された。混沌社は甲会と乙会の二つに分かれ、第一回の甲会は九月十六日、乙会は九月二十六日に開かれた。この日が以後毎月の定例会の開催日になった。第一回の甲会には一五名、乙会には一六名が参加した。甲会にはすでに実績のある詩人たちが参加して交遊し、乙会には盟主北海の門人格の者たちが参加して詩作修業に励んだ。

サロンとして注目されるのは甲会の方である。多治比郁夫氏によれば、混沌社甲会の発足時の同人は蒹葭堂会に参加していた人物が過半を占め、それ以外の新たな参加者としては、発起人の佐々木魯庵を含めて平沢旭山・富山有明・吉田謙斎・岡田南山の五名のみという。平沢旭山は魯庵と同じくもと龍草廬の門人で、当時は山震と称し、京都から大坂に移り住んで医者をしていた。富山有明は未詳。吉田謙斎は羽後秋田藩士、岡田南山は阿波徳島藩士で、ともに藩の大坂蔵屋敷詰であった。

社名の由来

片山北海の「混沌詩社説」（『混沌社唫稿』）に、「吾輩為す所は詩に遊ぶなり。詩を以て社を結び、時に会すれば、輒《すなわ》ちその秀を闘はし、その談を劇《はげ》しくし、以て鬱抑《うつよく》を慰む」（原漢文）と記されているように、北海はもともと詩作を好み、詩会を催しては鬱屈する心を慰めていた。また、平沢旭山の「混沌社乙会唫稿序」（『混沌社唫稿』）という文章によれば、人望のある北海を慕って大坂中の「鉅儒鴻生《きよじゆこうせい》」（すぐれた学者や知識人）が集まることになったのが、混沌社の始まりだったという。社名を混沌社と命名したのは、北海の「混沌詩社説」によれば、発足時から参加した鍋釜製造業者の田中鳴門だった。鳴門の「混沌説」（『混沌社唫稿』）には、「混沌なる者は胚胎の謂《いい》なり。曷《なん》ぞ以て社に名づくる。光を韜《つつ》むを尚べばなり。曷ぞ以て光を韜むを尚ぶ。争ふ所莫《な》ければなり」（原漢文）と説いている。すなわち、才能を競って争うよりも、才能を掩《おお》い包みながら、交遊のなかにおのずから光り輝くものを求めようとしたのが、混沌社と名付けた由来だというのである。

混沌社の歌

発足当初の混沌社の雰囲気については、発足時に葛子琴《かつしきん》が詠んで盟主北海に贈った長編の雑言古詩《ざつごんこし》「混沌社歌、北海先生に贈り奉る」（『混沌社唫稿』）に窺うことができる。その一部を紹介しておこう。

北海先生当今一巨擘
倜儻不羈之士所従事
牛耳相推便相約
騒壇涖盟月二次
既望念六分新旧
僅収杖銭給酒食
預命一詠焦心思
即席分題闘才奇

北海先生当今の一巨擘《きよはく》
倜儻不羈《てきとうふき》の士の従事する所にして
牛耳相推し便《すなわ》ち相約す
騒壇　盟に涖《のぞ》むこと月に二次
既望　念六　新旧を分かつ
僅かに杖銭《じようせん》を収め酒食を給す
預《あらかじ》め一詠を命じ心思を焦がす
即席に題を分かち才を闘はして奇なり

七歩八叉何迅速　　七歩《しちほ》　八叉《はっさ》　何ぞ迅速《じんそく》なる
鳴鐘刻燭更紛披　　鐘を鳴らし　燭を刻み　更に紛披《ふんぴ》たり
彩筆揮洒五雲牋　　彩筆揮洒《きしゃ》す　五雲牋《ごうんせん》
詩成才気互勃然　　詩成りて才気互ひに勃然《ぼつぜん》たり

片山北海は当代の頭目とも称すべき人物で、そのもとに「倜儻不羈」（才気が溢れ束縛を嫌う）の人士が集まって、混沌社は結成されたという。「既望念六」は、月の十六日と二十六日。これが混沌社の甲会と乙会の会日であった。「杖銭」は杖頭銭の略で、酒代。会日には会費を徴収し、酒食を供したのである。続く一連からは、混沌社の詩会では、前もって定められた題で詩作する兼題と、当日に題を分担して詩を詠む当座の二種類で作詩の才が競われたことがわかる。これは蒹葭堂会の場合と同じやり方であった。「七歩」は、魏の曹植《そうち》が兄の曹丕《そうひ》に詩才を妬まれて、七歩歩く間に詩を作れと命じられたが、たちどころに詩を作ったという故事から、敏捷な作詩の才能をいう。また「八叉」は、八回腕組みをする間に八韻の詩ができ上がったという唐の温庭筠《おんていいん》の故事から、これまた作詩に敏捷なことをいう。「鳴鐘刻燭」は、夜が更けること。「紛披」は、入り乱れるさま。「揮洒」は、筆をふるって詩を書きつける。「五雲牋」は、五色の雲のような美しい詩箋。「勃然」は、意気軒昂なさまである。

自由奔放な詩社

子琴のこの「混沌歌」からも窺えるように、「倜儻不羈の士」によって構成された混沌社の詩会は、酒食を楽しみながら、深夜にまで及ぶという自由奔放な会だった。酒食を禁じ、時刻を定めて生真面目に運営された甘谷塾の詩社や蒹葭堂会のような、混沌社に先んじて大坂に開かれた詩社とは少しく雰囲気を異にしていた。それらよりもサロン性や交遊性の濃厚な詩社だったといってよい。時代の趨勢ということもあろうが、この雰囲気は、混沌社発足時に大きな役割を果たした佐々木魯庵や平沢旭山が持ち込んだものだったのかもしれない。なぜなら、魯庵と旭山は来坂以前はともに京都に開かれた龍草廬の幽蘭社《ゆうらんしゃ》という詩社に属していたことがあったが、この幽蘭社は同人たちの自由放埒な行状によって、世人から「遊乱社」（『先哲叢談』後編）と非難されるような詩社だったからである。

武士と町人のサロン

主要な同人たち

混沌社はこのように当初から拘束性の薄い、自由な詩社であり、同人の出入りも少なくなかった。結成翌年の明和三年（一七六六）四月には秋田藩士吉田謙斎が国元秋田に帰り、明和五年一月には町医者の福原承明が没し、同年四月には平沢旭山が幕府大学頭《だいがくのかみ》の林家に入門するため江戸に移住した。逆に、明和三年一月には儒医の鳥山崧岳、同年の三月には安芸国竹原から遊学のため大坂に出てきた頼《らい》春水《しゅんすい》、明和五年には肥前蓮池《はすいけ》藩士の河野《こうの》恕斎《じょさい》などが新たに加入した。

ちなみに、多治比郁夫氏の研究に拠って、混沌社甲会の主だった同人名を、その職業および明和八年（一七七一）時点での年齢を注記して掲げると次のようになる。

片山北海（儒者、四十九歳）、鳥山崧岳（儒医、七十歳くらい）、田中鳴門（鍋釜製造業、五十歳）、細合半斎（儒者・書家、四十五歳）、萱野銭塘（肥後熊本藩士、四十三歳）、佐々木魯庵（医者、三十九歳）、木村蒹葭堂（酒造業、三十六歳）、篠崎三島（儒者、三十五歳）、岡公翼（医者、三十五歳）、葛子琴（医者、三十三歳）、隠岐茱軒（大坂城番与力、三十歳）、岡田南山（阿波徳島藩士、三十歳）、河野恕斎（肥前蓮池藩士、二十九歳）、井坂松石（両替商、二十七歳）、頼春水（儒者、二十六歳）、小山伯鳳（売薬商、二十二歳）、西村古愚（江戸積綿問屋、年齢未詳）

儒者、医者、武士、町人が入り混じり、年齢も二十歳代から七十歳まで幅広く分布している。盟主の片山北海、長老格の鳥山崧岳や田中鳴門あたりがおのずから重きをなしていたが、詩社の交遊そのものは身分や年齢に制約されたものではなかった。

頼春水の回想

そうした混沌社の自由で楽しげな交遊のありさまを、生き生きと伝えてくれるのが、頼春水が晩年の六十五歳の文化七年（一八一〇）に、若き日の大坂時代を懐かしんで著した回想録『在津紀事《ざいしんきじ》』である。その『在津紀事』のなかから、まず混沌社の詩会の様子を見ることにしよう。『在津紀事』は漢文体で書かれているが、以下引用はすべて読み下した。

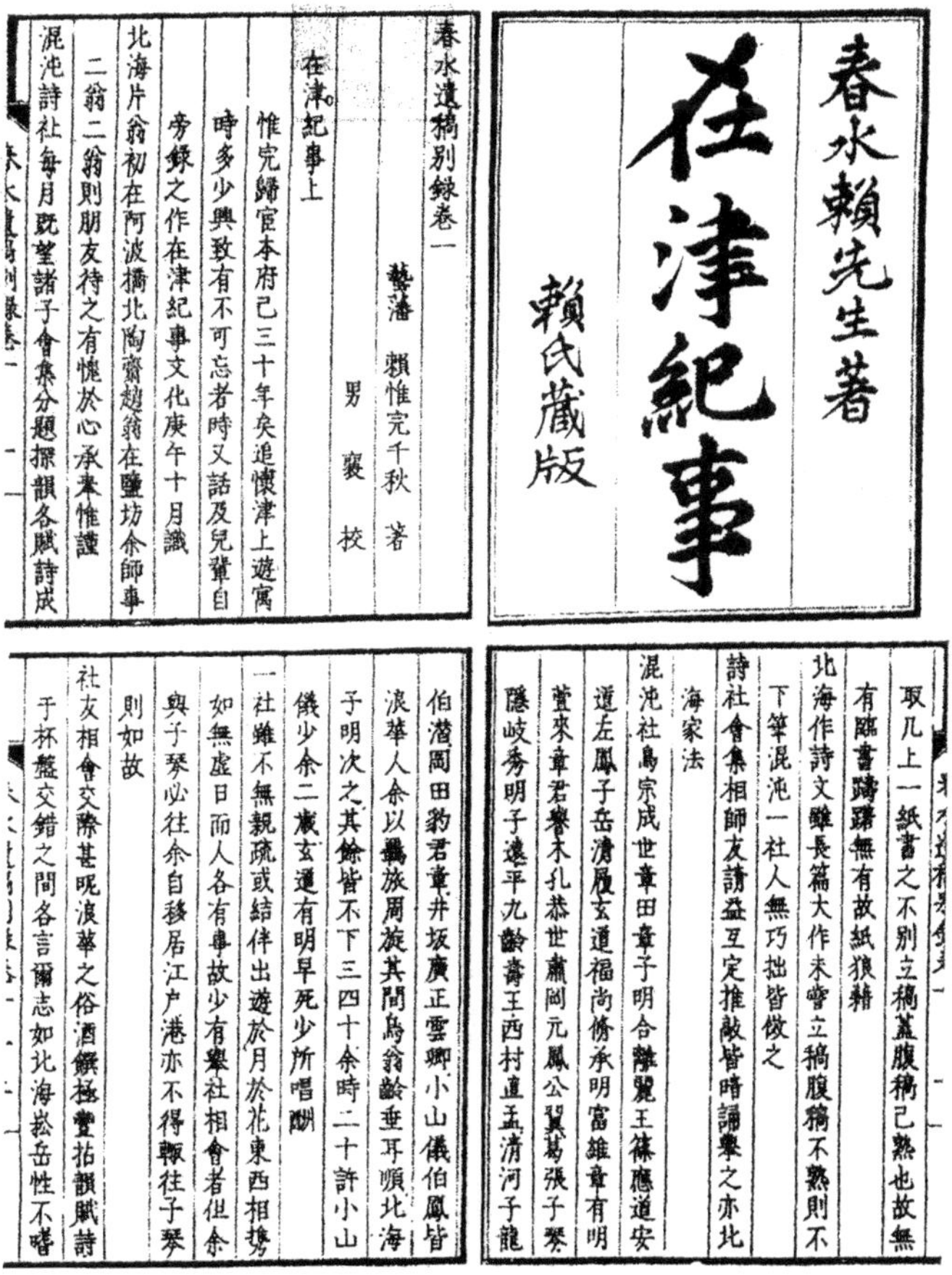
春水頼先生著
在津紀事
頼氏藏版

春水遺稿別録巻一
藝藩　頼惟完千秋　著
男　褒　校
在津紀事上
惟完歸官本府已三十年矣追懐津上遊寓
時多少興致有不可忘者時又話及兒輩自
旁録之作在津紀事文化庚午十月識
北海片翁初在阿波橋北陶齋趙翁在鹽坊余師事
二翁二翁則朋友待之有愧於心承來惟謹
混沌詩社毎月既望諸子會集分題探韻各賦詩成

取几上一紙書之不別立稿蓋腹稿已熟也故無
有臨書躊躇無有故紙狼藉
北海作詩文雖長篇大作未嘗立稿腹稿不熟則不
下筆混沌一社人無巧拙皆倣之
詩社會集相師友請益互定推敲皆暗誦舉之亦北
海家法
混沌社鳥宗成世章田章子明合離麗王篠應道安
道左鳳子岳清履玄道福尚脩承明富維章有明
萱來章君饗木孔恭世肅岡元鳳公翼葛張子琴
隱岐秀明子遠平九齡壽王西村直孟清河子龍

伯潜岡田豹君章井坂廣正雲卿小山儀伯鳳皆
浪華人余以覊旅周旋其間烏翁齡垂耳順北海
子明次之其餘皆不下三四十余時二十許小山
儀少余二歳玄道有明早死少所唱酬
一社雖不無親疎或結伴出遊於月於花東西相携
如無虚日而人各有事故少有舉社相會者但余
與子琴必往余自移居江戸港亦不得輙往子琴
則如故
社友相會交際甚昵浪華之俗酒饌極豐拈韻賦詩
于杯盤交錯之間各言爾志如北海崧岳性不嗜

図2　『在 津 紀 事』

混沌詩社は毎月既望に諸子会集し、題を分かち韻を探り、各《おのおの》賦す。詩成るや、几《き》上《じょう》の一紙を取りこれを書す。別に稿を立てず。蓋《けだ》し腹稿《ふくこう》已《すで》に熟すればなり。故に書するに臨みて躊躇する有ること無く、故紙の狼藉する有ること無し。

「腹稿」は、詩文を創作する時に頭の中で原稿を仕上げること。これは盟主北海の詩文創作法だったが、混沌社では皆がそれに倣ったという。

詩社会集すれば、相ひ師友して益を請ひ、互に推敲を定む。皆、暗誦してこれを挙ぐるも亦《ま》た北海の家法なり。

都下の雅集、坐客後先して詩成り、杯盤も亦た狼藉す。北海一閲して意を歴《へ》ざるが如し。数日の後、乃《すなわ》ち前会の詩の数句、或いは全篇を挙げ、これを評論すること極めて詳らかなり。

「杯盤狼藉」は、酒宴が終り近くなって酒杯や皿などが散乱すること。

社友、小詩短文と雖《いえど》も必ず相ひ示して正を請ひ、而《しか》して後に北海に就いて断を取る。北海詩文有れば、輒《すなわ》ち亦た必ずこれを諸子に謀る。年少余が如きを以てすると雖も、亦た謀り及び、毫《ごう》も自満の色無し。

「自満の色」は、自己満足した表情。これらの記事からわかるように、北海は混沌社の盟主として十分にその役割を果たしたようだが、決して権威主義的ではなく、年少の同人たちとも対等に接し、その自主性を尊重しようとした。そしてそれは『在津紀事』に記されているように、「北海、素朴にして辺幅を脩《おさ》めず、洒洒落落《しゃしゃらくらく》たり。人に貴賤無く、交はりに生熟無し。皆恬然《てんぜん》としてこれを遇す」という、北海のものに拘《こだわ》らない性格から滲み出たものであった。

人気者葛子琴

混沌社の同人たちは多士済々だったが、その鋭敏な才能と楽易な人柄によって、社中の人気者だったのは、医者の葛子琴である。

社友相ひ会し、交際甚だ昵《じつ》なり。浪華の俗、酒饌極めて豊かなり。杯盤交錯の間に、韻を拈《ひね》り詩を賦し、各《おのおの》爾《そ》の志を言ふ。北海・崧岳の如きは、性、酒を嗜《たしな》まず。詩成れば輒ち衆に先んじて去る。鳴門・恕斎は善く飲む。子琴は小《すこ》しく飲み、賞会に善し。故に一時都下の集《つどい》、子琴無ければ楽しまず。

「子琴無ければ楽しまず」は、『蒙求《もうぎゅう》』の「車胤聚蛍《しゃいんしゅうけい》」の故事に拠っている。晋《しん》の車胤は蛍の光を集めて勉強しただけあって博学で、宴会の席での談話が面白いというので、賞会（心楽しい会）に車胤がいないと、皆が「車公無ければ楽しまず」と飽き足らなさを感じたという。子琴はこの車胤のような存在で、酒はあまり飲めなかったが、当時の大坂の

図3　頼春水肖像（『近世名家肖像』より）

文人サロンでは欠くことのできない人物として重宝されたというのである。

混沌社の詩会では、出席者たちは自由に振る舞った。ある者はお喋りに夢中になり、ある者は苦吟し、ある者は酒を飲みすぎて酔っぱらい、ある者は用事があるというので、結局、詩を完成させないまま帰ってしまう者も多かったが、子琴だけは周囲と談笑しながら、いつもいつの間にか巧緻な詩を完成させていたという。『在津紀事』の著者春水は、混沌社の同人たちのなかでは、人付き合いがよく才気に満ち溢れたこの子琴ともっとも仲がよかった。

もちろん、春水と子琴との交遊の場は詩社の会だけではなかった。『在津紀事』には、次のような、春水が子琴とともに雪見や月見に興じた記事も見られる。

子琴の居宅である御風楼《ぎょふうろう》は玉江橋の北のたもとに在った。西南の方向が広く開けて見晴らしが良く、月見にも雪見にも恰好の家だった。私春水は雪の降った朝には必ず子琴を訪問した。そうすると子琴は、已《すで》に窓を開けて簾を捲き上げ、酒を温めて私を待っていた。浪華《なにわ》の地は温暖なので、積雪は消えやすく、朝の八時頃までしか雪見を楽しむことはできなかったが、このような風流に狂喜する者は子琴と私以外、誰もいなかった。また、夏の暑くて寝苦しい夜には、私は真夜中でも月に乗じて子琴を訪うた。するとまだ起きていた子琴は私の足音を聞きつけ、喜んで私を迎えて、御風楼で酒を酌み交わした。私が帰ろうとすると子琴は必ず送ってくれ、二人で玉江橋の欄干に寄りかかって、漢詩を聯吟《れんぎん》して別れた。

この雪見と月見の記事には、やはり『蒙求』に載る「子猷尋戴《しゆうじんたい》」の故事が意識されている。すなわち、晋の王子猷《おうしゆう》は雪が降り止んだ夜、月の光に照らされた雪景色があまりに美しいので、友人の戴安道《たいあんどう》と一緒にこれを楽しもうと、真夜中に小舟に乗って遠く安道を尋ねた。しかし、安道の家の門まで辿り着くと、夜も明けて興も尽きてしまったので、子猷は安道に会わずにそのまま引き返したという。春水は中国晋代の文人の風雅な故事と重ね合わせつつ、若き日の自分と子琴との親密な交遊を回顧したのである。

個性的な同人たち

子琴以外にも、混沌社のサロンに集まった詩人たちには個性的な人物が多かった。肥前蓮池藩の大坂藩邸詰めの藩士だった河野恕斎は、父親ゆずりの料理上手で、自宅で詩会などがあると、妻と一緒に手料理で客をもてなし、酒の温め方、茶の入れ方にもこだわりがあった。また、恕斎は豪放で細かなことは気にしなかったが、書道習字を好み、常に古帖を模写し、模写した法帖の装釘も夫婦協力して行ったという。料理好きの記事と併せていかにも夫婦仲の良さが窺われるが、実は『在津紀事』の別の条で、春水は恕斎の遊女遊びも暴露している。

混沌社の主要同人中の最年少は、売薬業を営んでいた小山伯鳳である。この人もまた一癖ある人物だった。伯鳳は学問好きで、奇僻迂怪《きへきうかい》の書物を読むのが趣味だった。生まれつき記憶力がよく、晋の張華《ちょうか》撰の『博物志』や宋の洪邁《こうまい》撰の『夷堅志《いけんし》』から近世の志怪《しかい》（怪異小説）に至るまで、暗記しないものはなかった。そこで混沌社の社友たちは、伯鳳のことを「怪物」と呼んだという。伯鳳は字《あざな》で、号を養快と称した。養快は妖怪に通じることから、社友は伯鳳の特異な個性と能力を踏まえて、養快＝妖怪＝「怪物」と呼んだのである。安永三年（一七七四）に二十五歳で没したが、著書に『竹取物語抄』（天明四年〈一七八四〉刊）が残されている。

オランダ語まがいの渾名

『在津紀事』にはもちろん木村蒹葭堂の記事も散見する。その中には次のような記事がある。木村蒹葭堂の蒹葭堂というのは書斎の号であるが、蒹葭堂はその扁額《へんがく》の字や堂記や寄題の詩を、全国各地の文人や学者に求め、寄せられたものは数十巻にもなった。蒹葭堂は来客があるとそれを取り出して見せ、客の方がうんざりしてしまうほどだった。蒹葭堂が客に応対する時には、常に妻と妾が側に控えていた。この妻妾は文雅を解し、蒹葭堂の言うままに、所蔵の書物や珍物を持ち出してきた。蒹葭堂が長崎に遊んだときにもこの妻妾は同行した。この妻と妾は性質が正反対で、妻は騒がしく、妾は物静かだった。そこで、葛子琴の甥の雪舫《せっぽう》という僧は、蒹葭堂の妻には「シヤベツテル」、妾には「ダマツテル」という、オランダ語まがいの渾名《あだな》を付けたという。

当時、混沌社サロンではオランダ語まがいの渾名を付けるのが流行っていたらしい。多治比郁夫氏の「細合半斎年譜」（『京阪文藝史料』第一巻）によれば、松本愚山《まつもとぐざん》の狂文集『愚山雑稿』のなかの「文人蘭呼」の条に、次のような内容の記事が見られる。

葛子琴は混沌社において詩名を擅《ほしいまま》にしていたが、混沌社に加わった人物に、片山某という役人がいた。その人が粋人ぶって遊客の様子を気取って見せたことがあった。そこで子琴は片山某に「ボウトスイガル」という「蘭呼」（オランダ語風の渾名）をつけた。さらに子琴は、細合半斎は言動が恭《うやうや》し過ぎるというので「イムギムスウギル」、また蒹葭堂は中国趣味だというので「カラナブリ」という渾名をつけた。

「ボウトスイガル」は、むやみと粋がる。「イムギムスウギル」は、慇懃すぎる。「カラナブリ」は、唐嬲《からなぶ》りである。混沌社サロンの仲間内だけで通用する隠語の戯れに興じ合ったのである。

サロンから生まれた詩

混沌社の詩風

先に混沌社の前身になった蒹葭堂会の記録である『蒹葭堂会稿』の内容を紹介したが、蒹葭堂会で詠まれた詩は、詩題・作風ともに古文辞派の格調を重んじる擬唐詩と言ってよいものだった。その蒹葭堂会のメンバーはほとんどそのまま混沌社に移った。したがって、混沌社の詩風も当初はそれを引き継いでいたと思われるが、時代の思潮は古文辞格調派から、詩人の個性を重んじる現実主義的な性霊派《せいれいは》の詩風に移りつつあり、混沌社の同人たちもこの新しい詩風に転換し始めていた。『在津紀事《ざいしんきじ》』に次のような一条がある。

尾藤志尹《しいん》、初め予州より来りて北海に寓す。侍坐《じざ》し偶《たまたま》南郭の文の二三句を挙げてこれを議す。北海、烟《けぶり》を吹いて答へず。志尹問ひて止まず。北海曰く、「以て為すこと勿《なか》れ。此を議するは烟を吹くに如《し》かず」と。

尾藤志尹は後に幕府に招聘される朱子学者尾藤二洲《びとうじしゅう》である。二洲が伊予川之江《いよかわのえ》から大坂に遊学したのは明和七年（一七七〇）だった。片山北海の塾に寄寓した二洲が、古文辞派を代表する服部南郭《はっとりなんかく》の文について議論したところ、北海は煙草を吹かすばかりで議論に応じようとせず、そんなことを議論するより煙草を吹かした方がましだと答えたというのである。北海はもともとは徂徠学派の宇野明霞《めいか》の門人で、自らも古文辞派の詩文を作っていたわけだが、混沌社結成後五年の明和七年の時点では、すでに古文辞派の作風を完全に否定していたのである。

写実の詩

頼春水は「詠史詩の後に書す」（『春水遺稿』巻十一所収）という文章のなかで、「私が大坂に居た頃には多くの文人と交遊し、片山北海先生が盟主となった混沌社にも参加した。北海先生は先生の師である宇野明霞の、『交遊は文雅の交わりであるべきで、文雅の交わりでなければ交遊などしないほうがよい』という言葉を口にしていた。そこで混沌社の集まりでは必ず詩を作ったが、その詩は晴雨寒暄《かんけん》・人事曲折、写実を主と為すものだった」と記している。

つまり、混沌社の詩会で詠まれたのは、その時々の天候や人事に関わる写実的な詩だったというのである。蒹葭堂会での詩題が「擬登岳陽楼」「明妃曲」「子夜呉歌」「白紵詞」「塞下曲」「関山月」などという、いかにも『唐詩選《とうしせん》』的な擬古的なものだったことはすで見たとおりである。そのような十八世紀日本の現実とかけ離れたテーマの詩が否定され、季節の変化や天候や人間関係のあれこれをテーマにして詩を詠むようになったということ自体、春水が言うように混沌社の詩風が「写実」的な新詩風に動いていたことを示している。

この種の詩の例として、混沌社の長老鳥山崧岳の『垂葭詩稿《すいかしこう》』巻四（安永二年〈一七七三〉刊）から一首を紹介しておこう。「三月既望（十六日）、混沌社に会す。暮に及びて諸子の大半は辞し去る。余と左子岳・田子明・頼千秋・篠応道とは猶ほ坐に在るなり。忽《たちま》ち暴雨に遇ふ。遂に回期を滞《とど》む。主人、江・佳・肴《こう》・覃《たん》・塩・咸《かん》を以て六鬮《ろくきゅう》を為す。五客をしてこれを探らしむ。余は江韻を得たり」という長い詩題の付いている七言律詩《しちごんりつし》である。

春日空濛詩社窓　　春日空濛たり　詩社の窓
暫留帰興雨淙淙　　暫らく帰興を留めて　雨　淙淙たり

板橋響屧雑寒柝
煙浦漁燈照碧江
人比竹林唯減一
燕棲梁木未成双
同探険韻沈吟久
豪気昂然各不降

板橋の響屧《きょうしょう》　寒柝《かんたく》に雑《まじ》り
煙浦《えんぽ》の漁燈　碧江《へきこう》を照らす
人は竹林に比して唯だ一を減じ
燕は梁木《りょうぼく》に棲《す》みて未だ双を成さず
同じく険韻を探りて沈吟久し
豪気昂然として各《おのおの》降《くだ》らず

なお、この第六句には「此時、主人未だ妻を娶《めと》らず」という注が付いている。主人である片山北海は明和四年一月に結婚していることから、この詩がその前年の明和三年三月十六日のものであったことが推定される。この日、混沌社の定例会がもたれ、夕刻には散会した。出席者の大半は帰ったが、鳥山崧岳・左子岳《さしがく》（佐々木魯庵）・田子明（田中鳴門）・頼千秋（頼春水）・篠応道（篠崎三島）の五人が残っていた。すると突然大雨が降り始め、帰りそびれてしまった。そこで主人の北海が六つの韻字を選び、鬮《くじ》を引いて韻字を分担し、詩を詠もうということになった。崧岳は江の韻字を引き当て、作った詩がこれだというのである。江は、上平声三江《じょうひょうしょうさんこう》というグループの韻字で、ここではそのグループに属する、窓・淙・江・双・降という字を用いて韻が踏まれている。

詩の前半二聯には当日の情景が即興的に詠まれ、後半二聯には一座の人事が詠まれている。北海の家は立売堀阿波橋の北にあったが、淀川から浪華の海につながる水面が遥かに見渡せたのであろう。「響屧」は、板橋を渡る足音。「寒柝」は、寒々と響く拍子木の音。第五句は、晋《しん》の時代に政争を避けて竹林に清遊した七賢《しちけん》の故事を踏まえ、主人を含めてこの六人では七賢に一人足りないことをいう。最終第八句は、この六人がお互い負けるものかと難しい韻を探りながら、必死に作詩に取り組んでいるというのである。

物を詠む詩

しかし、混沌社の詩会では、写実的な「晴雨寒暄・人事曲折」の詩のみが詠まれたわけではない。詩会を恒常的に運営していくためには、あらかじめ題を定め、その題に従って作詩する、題詠《だいえい》という方法が便宜的でもあり、有効でもあった。そこで物の名前を題としてその形状や趣きなどを詠む詠物詩と、歴史上の人物や事件を題としてそれをどう解釈するかを詠む詠史詩という、二つの題詠の詩体が、混沌社の詩会でも好んで取り上げられるようになった。とくに詠物詩は新詩風の写実主義や現実主義に適合する詩体でもあった。混沌社の詩人の詠んだ詠物詩の例として、詠物詩の名手として名高かった葛子琴の作を紹介しておこう。『葛子琴詩抄』という写本に収められる、混沌社同人田中鳴門の愛日園と名づけられた庭に咲く、連翹《れんぎょう》の花を詠んだ七言絶句である。

子明家園連翹
金花満架挂春光
百尺垂条払地長
風暖鶯梭声断続
碧紗窓外織流光

子明の家園の連翹
金花　架に満ちて　春光を挂《か》く
百尺の垂条　地を払ひて長し
風暖かに　鶯梭《おうさ》　声《こえ》断続し
碧紗《へきさ》　窓外　流光を織る

連翹は春に鮮やかな黄色の花を咲かせる。「百尺の垂条」というのは、連翹の枝が長く伸びて先端が垂れるさまを表現したもの。「鶯梭」は、ウグイスが連翹の枝から枝へと、あたかも機織りの梭《ひ》(左右に往き来して横糸を通す器具)のように飛び交うさま。「碧紗」は、みどり色の薄絹のカーテン。「流光」は、流れる光。子琴の才気の窺える、軽やかで流麗な詩に仕上がっている。

歴史を詠む

この詠物詩と対《つい》で取り上げられることの多いのが詠史詩である。『在津紀事』によれば、ある日、河野恕斎が混沌社の同人たちに向かって、次のような提案をしたという。

「時序晴雨の詞」(季節や天候を主題とした詩)ばかりを詠むのはもう厭きた。日本の歴史をテーマとして詩を詠むというのはどうだろうか。この恕斎の提案を聞いて、同人たちは皆、それは良いと答えた。しかし、私春水と葛子琴は日本の歴史に通じていなかったので、日本の歴史についての詩題が決まると、いつも他の同人たちに相談し、詩題の意味を理解した上で、はじめて作詩にとりかかった。そんなことがあって、混沌社では詩会のたびに七言律詩の形式で詠史詩を詠むようになり、結果的には数十首の詠史詩ができ上がり、一冊の詩集をなすまでに至った。

これが、混沌社で日本史上の人物や事件を主題とした詠史詩が作られるようになった顚末であった。

さきに一部を紹介した頼春水の「詠史詩の後に書す」という文章には、紹介部分に続いて次のようなことが記されている。混沌社では恕斎の提案を受けて詠史詩を試みることになったが、多くの同人たちは中国の歴史には通じているものの、日本の歴史には疎かった。そこでお互いに相談し合って史実を確かめながら詠むことになった。その時に特に頼りにされたのは大坂城番与力《よりき》で「野史稗官《やしはいかん》」通の同人隠岐茱軒《おきしゆけん》だった。しかし、茱軒は病気がちで詩会に欠席することが多かったので、皆が残念がった。

このようにして安永三年（一七七四）から安永四年の間に混沌社の詩会で詠まれた詠史詩を、混沌社の同人でもあった曾谷学川《そたにがくせん》が編集して出版したものが『野史詠《やしえい》』（天明六年

〈一七八六〉刊）である。これには日本の歴史上あるいは伝説上の人物を詠んだ七言律詩一二一首が収められているが、詩題となった人物の時代的な幅は、もっとも古いのが平安時代初期の武将坂上田村麻呂、もっとも新しいのが室町時代後期の武将佐々木定頼《さだより》で、『平家物語』や『源平盛衰記』に登場する源平合戦期と、『太平記』に登場する南北朝騒乱期の人物が多く取り上げられている。

これらのなかから具体的な一例として、頼春水の「平忠盛」と題する一首を紹介しておきたい。

頼春水の詠史詩

殊恩生翼上雲霄　　殊恩　翼を生じ　雲霄《うんしょう》に上る
舞踏従和醯甕謡　　舞踏　従和す　醯甕《けいおう》の謡
明月一痕占扇落　　明月　一痕　扇を占めて落ち
寒氷三尺映燈銷　　寒氷　三尺　燈に映じて銷《き》ゆ
不迷深夜祇園雨　　迷はず　深夜　祇園《ぎおん》の雨
為賦高秋赤石潮　　為に賦す　高秋　赤石《あかし》の潮
豈識諸平身後事　　豈《あに》に識《し》らんや　諸平　身後の事
朱旗西海乱飄飖　　朱旗　西海　乱れて飄飖《ひょうよう》するを

平忠盛は伊勢平氏の出身で、白河院に重用され、清盛の父として平氏隆盛の基礎を築いた。この詩の素材はほとんど『平家物語』に拠っている。第一句は、白河院の恩顧によって忠盛が三十六歳で昇殿を許されたことをいう。第二句の「醯甕」は酢を入れる瓶《かめ》のことで、御前の宴会で忠盛が他の殿上人《てんじょうびと》たちから「伊勢平氏はすがめなりけり」（伊勢産の瓶《へい》子《じ》は酢の容器として用いられたということと、忠盛が眇《すがめ》だったことを懸けた）と嘲笑の歌をうたわれたという『平家物語』巻一「殿上闇討《てんじょうのやみうち》」の記事による。第三句は忠盛が通っていた仙洞の女房のもとに、月の絵が描かれた扇を置き忘れたという、『平家物語』巻一「鱸《すずき》」に見える逸話に拠り、これと対句になる第四句は、忠盛の昇殿に反発した殿上人たちが闇討ちを計画しているのを察知した忠盛が、銀箔をはった木刀を用意し、火影《ほかげ》でそれを抜いて殿上人たちを威嚇したので難を逃れたという、やはり「殿上闇討」の記事に拠っている。第五句は、白河院お気に入りの女房が祇園に住んでいたが、その辺りに怪しい鬼が出るというので、忠盛が退治を命ぜられて捕まえたところ、正体は老法師だったという『平家物語』巻六「祇園女御《にょうご》」に見られる逸話に拠っている。これと対句になる第六句は、備前国から都に上った忠盛は、鳥羽院に「明石の浦はどうだったか」と尋ねられた時、「あり明けの月も明石の浦風に浪ばかりこそよると見えしか」と歌を詠んでお答えした。

鳥羽院は感心され、この歌は『金葉集』に採録されたという巻一「鱸」の記事に拠っている。そして第四聯の二句において、隆盛を極めた平氏の一門が西海で滅亡することを、はたして忠盛は予測していただろうかと詠嘆して、この詩を終えているのである。

父春水から子山陽へ

春水はもともと日本の歴史には強い関心を抱いていたが、こうした試みによっていっそう興味を増したらしく、後に広島藩儒となった時に、「本朝歴代、治乱盛衰之模様、相約《ちぢ》め申すべく候書物」（天明五年、関外衛宛て春水書簡）すなわち日本の通史を編纂しようと心掛けたこともあった。この春水の修史事業は中途で挫折してしまったようだが、それをあたかも受け継ぐかのように、春水の息子頼《らい》山陽《さんよう》は日本の武門の通史ともいうべき『日本外史』（文政十年〈一八二七〉成立）を完成し、さらには『野史詠』と同じく日本史上の人物や事件を素材にした『日本楽府《にほんがふ》』（文政十三年刊）という詠史詩集を著作出版することになる。混沌社サロンで始められた詠史詩の試みが後代に与えた影響もまた少なくなかったのである。

江戸狂歌サロンの実像

江戸狂歌とは何か

四方赤良の狂歌

天明期（一七八一〜八九）における江戸狂歌流行の中心にいたのは四方《よもの》赤良《あから》、すなわち下級幕臣大田南畝《おおたなんぽ》である。天明三年正月に出版された赤良初めての個人狂歌集『めでた百首夷歌《えびすうた》』に、次のような一首が収められている。

かくばかりめでたく見ゆる世の中を羨ましくや覗く月影

これほどめでたく見える世の中を、お月さまも羨ましく思っているのだろうか、そっと天上から覗いているではないかと、夜空の雲間から少しばかり姿をあらわした月を、滑稽に擬人化して詠んだ狂歌である。もちろん、この狂歌の面白みはそのような擬人化のみにあるのではない。この狂歌の趣向の一つはパロディ仕立てにある。次に示す『拾遺《しゅうい》和歌集《しゅう》』の藤原高光《たかみつ》の和歌がそのパロディの本歌である。

かくばかり経がたく見ゆる世の中に羨ましくも澄める月かな

この本歌には、「法師にならむと思ひたちけるころ月を見はべりて」という詞書《ことばがき》が付けられているように、世の中に生き辛さを感じて出家しようとした時、こんな辛い世の中であっても月は澄んだ光を湛《たた》えて輝いているではないか、それが自分には羨ましいというのである。悩み多き地上の人間が、清らかな澄んだ光を投げかける天上の月を羨むという本歌の構図が、赤良の狂歌では、天上の月さえもめでたく栄えているこの地上世界を羨んでいるのだというように見事に転倒され、和歌世界の伝統的な厭世観は一挙に笑いに転化されている。

図4　大田南畝（四方赤良・蜀山人）肖像（『近世名家肖像』より）

『拾遺和歌集』のこの和歌を本歌とするパロディの狂歌は、赤良以前にもすでにあった。近世前期の大坂の狂歌師油煙斎貞柳《ゆえんさいていりゅう》の次のような一首である。

かくばかり死にともなう思ふ世の中に羨

ましくも月は常住

この貞柳の狂歌は、本歌の和歌的な世界を卑俗化したものにはなっているが、地上の人間が天上の月を羨むという構図はそのまま踏襲されており、赤良の狂歌に見られるような大胆な転倒はない。同じ近世の狂歌とはいっても、赤良以前の上方狂歌と、赤良以後の江戸狂歌（天明狂歌）の違いの一つをここに見ることができる。

江戸のめでたさ

赤良の狂歌においてこのような転倒が可能だったのは、将軍のお膝元江戸を中心に繁栄する天下太平の御代を寿《ことほ》ぐという、強固な当代賛美の意識が詠み手の赤良にあったからにほかならない。この狂歌を収める『めでた百首夷歌』は、正月を祝う「めでた尽し」の企画ではあったが、それだけのものではなかった。赤良はその序文に次のように記している。

今や四つの海、波静かにして、沖釣りのめでたい（注、鯛を懸ける）か、らぬ日なく、十日の雨風さはりなくして、一升の土くれ金一升の富みに潤《うるお》へり。されば弓は袋棚の上に煤《すす》け、お太刀は鞘《さや》（注、紗綾《さや》を懸ける）形《がた》の小袖にまとはれ、鎧《よろい》甲《かぶと》は笑道《わらいどう》具《ぐ》となり、鉄炮は薬《くすり》食《ぐ》ひの種子島《たねがしま》となり、酒は酒屋に餅は餅屋に、猛《たけ》き親分も太平楽をならべ、賤《あや》しの百姓も万歳楽を唱へて、まことにめでたう候ひけるとは、今この時をや申べき。

このような手放しの当代賛美こそ、この狂歌集の主要テーマであった。赤良の狂歌の底流には、間違いなくこうした「めでたい御代《みよ》」という時代認識が存在していた。

パロディの由来

それとともに、右の狂歌についても見られるように、パロディによる滑稽という方法も赤良の狂歌の大きな特色の一つとして挙げることができる。古典的な作品の措辞《そじ》や形式に基づきながら、まったく別の内容やテーマに改変して滑稽を表現しようとする方法がパロディであるが、赤良の狂歌はこの方法を多用した。後年蜀山人《しょくさんじん》と号した赤良が、自作の狂歌を自選自書して文政元年（一八一八）に出版した『蜀山百首』から、そのような二首を紹介してみよう。

ほととぎす鳴きつる後《あと》にあきれたる後徳大寺《ごとくだいじ》の有明《ありあけ》の顔

駒とめて袖うちはらふ世話もなし坊主合羽《ぼうずがっぱ》の雪の夕ぐれ

前者は『百人一首』に収める後徳大寺左大臣藤原実定《ふじわらのさねさだ》の「ほととぎす鳴きつる方をながむればただ有明の月ぞ残れる」、後者は『新古今和歌集』に収める藤原定家の「駒とめて袖うちはらふ影もなし佐野の渡りの雪の夕ぐれ」のパロディであるが、本歌の情景の大胆な卑俗化があっけらかんとした滑稽を生んでいる。

このようなパロディを多用する赤良の狂歌には思想的な背景を見るべきである。四方赤良こと大田南畝は一〇代の半ば頃に、内山賀邸《うちやまがてい》や松崎観海《まつざきかんかい》や宮瀬竜門《みやせりゅうもん》という当時江戸で著名な学者に入門して漢詩文や和歌を学んだ。なかでも松崎観海や宮瀬竜門は荻生徂徠門下の蘐園《けんえん》の流れを汲む学者で、彼らに学んだ南畝の漢詩文は、蘐園の奉じた古文辞派のものであった。文ならば秦や漢という時代の作品、詩ならば唐や明という時代の作品を手本にし、それら古典的な作品の表現を模倣することを創作活動の要諦にした擬古主義が、古文辞派の作風であり、少年南畝はその作風を学んだのである。

こうした古文辞派の擬古主義の根底には、尭《ぎょう》や舜《しゅん》という聖王の治めた古代中国を理想的な世の中とし、時代が下るにつれて人間の世界は堕落してきたとする、儒教的な尚古《しょうこ》主義が存在している。こうした尚古主義を基にした文学的な価値が、風雅という古代的な優美さをあらわす概念であった。古文辞派の詩人たちは、文学の理想的な価値である風雅を表現するために、古典的作品の措辞を模倣しつつ、「擬議して変化を成す（あれこれ検討して変化を求める）」ことで自らの作品を作ろうとした。

初めに、赤良を中心に流行した江戸狂歌の特色の一つとして当代賛美の心情を指摘したが、当代賛美の心情とこうした南畝の擬古主義あるいは尚古主義とは、基本的には矛盾している。古代が理想的な世界であるならば、当代はそれが堕落した結果生まれた否定すべき世界にほかならず、賛美すべき世界ではありえないからである。漢学書生南畝の文学的な方法は尚古主義に基づく擬古主義であった。しかし、江戸っ子南畝の時代認識のなかには当代賛美の心情が厳然としてあった。こうした一見矛盾する擬古主義と当代賛美の心情との融合が、狂歌作者四方赤良におけるパロディという方法を支えていた。

もともと漢学書生であった南畝はこうしたパロディの方法を、狂歌に先んじて狂詩に用い、すでに大きな成功を収めていた。南畝は十九歳の明和四年（一七六七）に『寝惚先生《ねぼけせんせい》文集初編《ぶんしゅうしょへん》』を出版したが、これは蘐園古文辞派の代表的な詩人服部南郭《はっとりなんかく》の漢詩文集『南郭先生文集初編』の装丁や意匠をまるごとパロディ化した狂詩文集であった。内容的に見ても、それは古文辞派の表現をパロディ化しつつ、江戸の「めでたさ」を謳歌し、青年期特有の不遇意識と不安を諧謔《かいぎゃく》的に吐露するものであった。この狂詩文集の成功によって、寝惚先生こと大田南畝の名前は世間に喧伝《けんでん》されることになったのである。

言葉遊びの世界

赤良狂歌の特色の三つめとして指摘すべきは、鋭敏な言語感覚による言葉遊びの巧みさである。たとえば、『吾妻曲狂歌文庫《あずまぶりきょうかぶんこ》』には次のような赤良狂歌の代表作が収められている。

図5　「あなうなぎ」の狂歌
（『吾妻曲狂歌文庫』〈東京都立中央図書館加賀文庫所蔵〉より）

　あなうなぎいづくの山のいもと背を
　　さかれて後に身を焦がすとは

　複雑な言葉の縒《よ》り合せで作られた狂歌であるが、その技巧を解説すれば次のようになる。まず、山の芋は時を経ると鰻に変わるという俗信が趣向として用いられ、この一首の上句から下句へと全体的な流れを形作っている。そこに「あなうなぎ」という言葉に「憂《う》」と「鰻」、「山のいも」に「芋」と「妹」が懸けられ、さらに「背」という言葉に背中の「背」と男の恋人を意味する「背」、「さかれ」に仲を「裂かれ」と背中を「割かれ」、「焦がす」に恋い焦がれると焼け焦げるという意味が懸けられ、こうした懸詞《かけことば》の連続が、鰻の蒲焼きの「うなぎ」「背をさかれ」「身を焦がす」という縁語の繋がりに載せられる形で、次々と繰り出されるという構造になっているのである。そのことを踏まえてこの狂歌を現代語訳すれば、おおよそ次のようになろう。

　山の芋は山に生えていた頃には妹背の仲ともいうべき恋人の山の芋がいたのだけれど、

時を経て鰻に姿が変わってしまったばかりに、恋人の山の芋との仲を裂かれて鰻屋へ売られ、そこで江戸前の蒲焼きにするため背開きにされた鰻は、昔の恋人の山の芋のことを恋い焦がれながら、可哀想に身を焼け焦がされているよ。

たかだか三一音でこれだけのことを破綻なく詠み込むという超絶技巧を支えている赤良の言語感覚の鋭さ、言語能力の高さには驚嘆すべきものがある。たしかに赤良個人の比類のない言語能力がなければ、このような狂歌は生まれなかったであろう。しかし、赤良がなぜにこのような狂歌を詠もうと試みたのか。それは単に赤良個人の言語能力に帰するだけで答えの出る問題ではない。

四方赤良こと大田南畝が蘐園古文辞派の詩文を学んだことはすでに触れたが、蘐園を開いた荻生《おぎゆう》徂徠《そらい》の儒学説すなわち徂徠学（古文辞学）の特徴の一つは、人間精神のもっとも直接的な反映は言語にあり、言語表現のあり方を離れて人間精神のあり方を知ることはできないという、表現重視の思想にあった。したがって、理想的な世界である古代中国のあり方を知るためには、まずもって古代中国の言語すなわち古文辞を修得することが必要だとされたのである。

これは、徂徠学が批判し否定した宋学（朱子学）と大きく異なるところだった。載道説という言葉があるように、「道」を「道徳」と考えた宋学（朱子学）では、言語というものを道徳を載せる器として捉えようとした。もっとも重要な本体は道徳であって、言語は道徳の表現手段にすぎないというのである。

これに対し、「道」を古代中国の理想的な制度と考えた徂徠学（古文辞学）では、古代中国の言語を修得しなければ、理想的な政治制度のあり方すなわち「道」を知ることはできないと考えた。後世の人間にとって言語はすなわち「道」と一体化したものであって、従属的な表現手段にとどまるものではなかった。言語が何を表現するかはもちろん重要だが、古文辞学派にとってはどのように表現するか（あるいは表現されているか）はそれと同じように重要なことだったのである。

そのような古文辞学派の言語観の影響下にあった赤良にとって、どのように表現するかが狂歌のあり方を決定する大きな要素になるのは当然だった。見立てや縁語や懸詞という技巧を駆使することは確かに言葉遊びではあったが、そうした技巧を駆使することによって新しい言語世界が生まれることの面白さに、赤良は気付いていたのである。

江戸狂歌流行の推進力であった四方赤良の狂歌を例に、その特徴を江戸賛美、パロディ、言葉遊びの三点にまとめ、その由来と意義について考えてみた。そして、それはひとり赤良狂歌の特徴に止まらず、やがて天明期に隆盛を迎える江戸狂歌の特徴にもなってゆく。

痴者のサロン

江戸狂歌の濫觴

四方赤良を中心に流行した江戸狂歌が以上のようなものだとしたら、それは江戸賛美の心情に共感し、パロディや言葉遊びの意味を阿吽《あうん》の呼吸のうちに理解できる古典的教養のある仲間が不可欠であった。江戸狂歌は当初、知識人の仲間内の文学として出発したのであって、必ずしも卑俗な滑稽を求める大衆的な文学だったわけではない。

江戸狂歌の濫觴《らんしょう》は、南畝の漢学・和歌の師であった内山賀邸《がてい》にあるとされている。賀邸は牛込に住む下級幕臣で、田安宗武・賀茂真淵《かものまぶち》・萩原宗固《そうこ》・石野広通《ひろみち》・磯野政武《まさたけ》らとともに明和六歌仙にも数えられた歌人であったが、江戸堂上《どうじょう》派の幕臣歌人石野広通の『大《だい》沢《たく》随筆』巻四下に、「淳時（賀邸のこと）は狂歌よみ也。即席達者なれども堂上門人にもあらず。いずれも虚名の高名也」とあるように、狂歌作者としても知られていた。

南畝は宝暦末年にこの賀邸に入門し、漢学や和歌を学んだ。同じ賀邸門にいたのが、賀邸から唐衣橘洲《からごろもきつしゅう》という狂名をつけてもらった下級幕臣小島謙之である。橘洲の書いた「弄花集《ろうかしゅう》序」（『奴凧《やっこだこ》』所引）によれば、ある時橘洲が「期に臨んで約を変ずる恋」という題で、「今さらに雲の下帯《したおび》ひきしめて月のさはりの空ごとぞうき」という下がかりの狂歌を詠んで賀邸に見せたところ、「此歌流俗《ヨノツネ》のものにあらず、深く狂詠の趣を得たり」と大いに褒められたことがあったという。そして、橘洲は続いて次のような回顧談を記している。

その頃は友とする人はつかに二人三人にて、月に花に予がもとに集《つど》ひて、莫逆《ナカヨシ》の媒《なかだち》とし侍りしに、四方赤良は予が詩友にてありしが、来りて、おほよそ狂歌は時の興によりて詠むなるを、ことがましく集ひをなして詠む痴者《しれもの》こそをこなれ。我もいざ痴者の仲間入りせんと、大根太木《おおねのふとき》てふものを伴ひ来り、太木また木網《もくあみ》、知恵内子《ちえのないし》をいざなひ来れば、平秩東作《へずつとうさく》、浜辺黒人《はまべのくろひと》など類をもて集まるに、二年《ふたとせ》ばかりを経て朱楽漢江《あけらかんこう》また入り来る。是又《これまた》賀邸先生の門にして、和歌は予が兄也。和歌の力もて狂詠おのづから秀でたり。かの人々よりより予がもとあるは木網が庵に集ひて、狂詠ようやくおこらんとす。

唐衣橘洲のもとで四方赤良などが参加して狂歌の会が開かれるようになったのは、明和六年（一七六九）頃からとされている。この会には大根太木、元木網、知恵内子、平秩東作、浜辺黒人、少し遅れて朱楽菅江（漢江）が参加したという。このうち橘洲・赤良・菅江は四谷・牛込辺りに住む下級幕臣である。大根太木は飯田町中坂下に住む山田屋半右衛門という町人で辻番請負を業としていた。元木網は京橋北紺屋町で湯屋を営んでいた大野屋喜三郎という町人、知恵内子はその妻である。平秩東作は内藤新宿で煙草屋を営んでいた稲毛屋金右衛門、浜辺黒人は本芝三丁目で本屋を営んでいた三河屋半兵衛、いずれも町人である。

つまり江戸狂歌は、本来は即興で詠まれていた狂歌を、わざわざ会を開いても詠もうという「痴者《しれもの》」たちのサロン、少人数の下級幕臣と町人たちが集うサロンのなかから始まったのであった。時には四谷の橘洲の家が会場になり、時には京橋の木網の家が会場になった。幕臣と町人との身分差はあったが、彼らの意識の上でそれはほとんど問題にならなかった。武士であれ町人であれ、和漢の古典文学への関心と江戸の「めでたさ」賛美の心情が、彼らをサロンに集わせた共通の因子であった。

『明和十五番狂歌合』

　彼らの狂歌熱はしだいに昂《こう》じ、翌明和七年には後に『明和十五番狂《きょう》歌《か》合《あわせ》』と呼ばれるようになる、江戸狂歌初めての狂歌合が行われた。画家の三輪花信斎に「万歳《まんざい》」「扇売《おうぎうり》」「春駒猿引《はるこまさるひき》」「鳥追《とりおい》」「薺売《なずなうり》」という新年を祝うめでたい図を各二図ずつ描かせ、その図を題に六人がそれぞれ狂歌を詠み、萩原宗固と内山賀邸の二人が判者となって判詞《はんし》を記した。判者のうち萩原宗固は幕臣で、賀邸とともに先に触れた明和江戸六歌仙の一人に数えられた歌人である。

　この狂歌合には、唐衣橘洲、四方赤良、元木網、平秩東作、蛙面房懸水《あめんぼうけんすい》、坡柳《はりゅう》という六人が出詠した。蛙面房懸水は、市ヶ谷に住んでいた深津意安という医師、坡柳の素姓については未詳である。出詠された狂歌の出来については、「結果を見ると橘洲が抜群で、赤良や木網は初心の域を脱しない」（日本古典文学大系『川柳狂歌集』浜田義一郎解説）と評されている。さすがにこの時点では狂歌作者として先輩の橘洲に一日の長があった。

　先に紹介した「弄花集序」に、「おほよそ狂歌は時の興によりて詠むなるを」という赤良の言葉が引用されていたように、狂歌は即興的に詠み捨てにされるものというのが当時の狂歌に対する意識であった。したがって、サロン的な会がもたれ、そこで狂歌が競詠されたとしても、それをきちんと記録しておこうという意識はなかった。初期の江戸狂歌の会の様子を伝える資料は、残念ながら多くない。『明和十五番狂歌合』に続くものとしては、その翌年の明和八年九月十三日に、橘洲の家で後の月見の観月狂歌会が行われ、謡十三番を題にして狂歌を詠み合ったことが、『狂歌若葉集』の詞書などから窺える。

狂歌サロンのパフォーマンス

狂歌の会がしばしば開かれるようになり、参加者もしだいに増えてきた頃、それを母体としたパフォーマンスが企てられた。安永三年（一七七四）二月四日、牛込原町の光恵寺《こうけいじ》の書院で行われた宝合《たからあわせ》の会である。酒上熟寝《さけのうえのじゅくね》（市ヶ谷左内坂の名主島田左内）が主催者になり、唐衣橘洲・四方赤良・大根太木《おおねのふとき》など賀邸門下の狂歌作者のほか、文屋安雄《ふんやのやすお》（市ヶ谷左内坂の本屋富田屋新兵衛）、和気春画《わけのはるえ》（飯田町の薬種屋小松百亀か）、早鞆和布刈《はやとものめかり》（国学者塙保己一《はなわほきいち》）など総計一七名が「宝」を出品した。

会の後、参加者の一人で本屋の主人であった文屋安雄が、その記録を『たから合の記』と題して出版した。これによれば、当日、会場には壇が設けられて美しい毛氈《もうせん》が敷かれ、参加者たちはみな礼服を着用した。出品者はそれぞれ順に主催者を礼拝したのち、おもむろに美しい箱のなかから錦の袱紗《ふくさ》に包まれた宝を取り出し、壇上に飾って退いた。持ち寄った「宝」をすべて陳列し終わると、上座から順に一人ずつ進み出て、おのおの「宝」の名目とその由来を説いた「伝詞書《でんことばがき》」を披講した。披講が終了すると、酒三献の竟宴《きょうえん》が行われ、酒を酌み、肴を食べ、三味線歌を歌って会を終えたという。

開帳と物合

こうしたパフォーマンスのヒントになったものは二つある。一つは、社寺が秘蔵の仏像や霊宝を特別の期間だけ一般の人々に礼拝させる開帳という催しである。当時、江戸では各地の有名寺院の秘仏や霊宝を江戸に運んで展観する出開帳《でがいちょう》がしばしば行われた。居ながらにしてそれらの秘仏や霊宝を見ることができるのは、江戸市民にとって、江戸の「めでたさ」を実感する機会でもあった。もう一つは、『たから合の記』に序文を寄せた塙保己一が、「ふして古《いにしえ》を考《かんが》へみるに、物合《ものあ》はする興は、みづかきの久しき代より始まりて、菅の根の長きに伝はれり。所謂菊合《いわゆるきくあわせ》・女郎花合《おみなえしあわせ》の類多かる」と記したように、あるテーマに従って物を持ち寄り、その優劣を競うという古典的な物合《ものあわせ》という遊戯である。

もちろんこの安永三年の宝合は、誰もが認めるような宝を持ち寄り、優劣を競おうという常識的な催しではなかった。普通に考えればとても宝などとはいえないような愚にもつかぬ物を「宝」として持ち寄り、それが「宝」である所以《ゆえん》をパロディと言葉遊びを駆使し

図6　「麒麟角　和名さつまいも」(『たから合の記』より)

て説明し、皆で笑い興じようというものであった。江戸狂歌の特色である、江戸の「めでたさ」賛美の心情、パロディの方法、言葉遊びの三つが一体となった、狂歌精神の横溢するパフォーマンスであった。

無用の戯言

たとえば巻頭に置かれているのは、主催者の酒上熟寝すなわち市ヶ谷左内坂の名主島田左内の出陳した「麒麟角《きりんのつの》　和名さつまいも」という宝である。『たから合の記』には螺鈿蒔絵《らでんまきえ》の箱に錦の袱紗《ふくさ》に包まれて大切そうに入れられた大きなサツマイモの絵が描かれており、これがなぜ宝であるかを説明する「伝詞書」には、次のように記されている。

魯哀公《ろのあいこう》十四年庚申《かのえさる》、西の狩《かり》に麟《りん》を獲《え》たり。麟、孔夫子《こうふうし》の時に遇《あい》給はざる事《こと》をなげきてなく。涙は落《おち》て松露《しようろ》となり、角《つの》は落てさつま芋《いも》と変《へん》じたり。是角《つの》に肉《しし》あつて生《せい》物《ぶつ》に触れざる形なるべし。此角《このつの》琉球国《りゆうきゆうこく》より吾国《わがくに》に渡りしを持伝《もちつた》へて家宝とす。

故事付けの材料になっているのは、『春秋左氏伝』哀公十四年の記事「十有四年春、西に狩して麟を得たり」である。麟は本来聖王の嘉瑞《かずい》たる仁獣であるが、それが狩の獲物として捕らえられたとき、人々は不祥の獣として棄てようとした。それを知った孔子は、仁獣を知らず、それを棄てようなどというのは、衰世の兆しだとして嘆き泣いたという。その孔子の涙が松露《しょうろ》（春の松林に生える丸いキノコ）になり、春になると鹿の角が落ちるようにその麟の角が落ちたものがサツマイモに変わった、それがこの宝だというのである。「涙は落《おち》て松露となり」という文章は、「ほうづき程な血の涙落ちて松露になりやしよまい」という当時の歌謡に拠っているらしい。

大根太木の跋文に「もろ人わが党《とう》のばかもの達の沙汰《さた》し申さる〻宝合《たからあわせ》は古物目利《こぶつめきき》の為にもあらず、又文章かきならふ種《たね》にもならず、たゞ一生戯言《たわごと》の一助となすべし」というように、まさに無用の戯言であった。また、保己一が序文で「ひとへに春の日のつれ〴〵なぐさめぬべきすさびなるべし」と記したように、天下太平の江戸の春の日の消閑の遊びにすぎない。サロン的な親密さのなかで、無用のすさびに興じて睦み合うこと、それが少人数の狂歌サロンから発生した江戸狂歌の精神にほかならなかった。

江戸狂歌の隆盛と狂歌サロンの崩壊

高き名のひゞき

大田南畝《おおたなんぽ》の随筆『奴凧《やつこだこ》』によれば、安永六年（一七七七）、江戸を代表する俳諧師の一人だった大島蓼太《りようた》が、『蓼太句集』の序文を依頼するため牛込に赤良（南畝）を訪い、「高き名のひゞきは四方にわき出て赤ら〳〵と子どもまでしる」という狂歌を示したという。また赤良は翌安永七年には大根太木《おおねのふとき》の催した十五番狂歌合の判者を務め、さらに翌八年には八月十三日から十七日まで、高田馬場の信濃屋に朱楽菅江《あけらかんこう》・木室卯雲《きむろぼううん》・浜辺黒人《はまべのくろひと》などを招いて五夜連続の観月の宴を催し、のべ七〇人ほどの参加を得て、狂歌をはじめ狂文・狂詩や詩・歌・俳諧などを詠み合った（『月露草』）。江戸狂歌の流行が広がるにつれて、四方赤良の存在は重みを増しつつあった。

狂歌の連

江戸狂歌の詠み手も、明和年間（一七六四～七二）のように四谷・牛込辺りの下級幕臣と町人たちだけではなくなり、年号が天明に変わる頃には、広く江戸の町々に分布するようになった。江戸の山手《やまのて》・下町の各所には寄り集って狂歌を詠むサロンが叢生し、月次《つきなみ》の狂歌会が開かれるようになった。そのようなサロンは連《れん》あるいは側《がわ》などと呼ばれ、連（側）ごとに分類された江戸狂歌作者名鑑とでもいうべき書物まで出版されるに至った。

ともに天明三年（一七八三）のものであるが、四月刊と推定される普栗釣方《ふぐりのつりかた》編の『狂《きょう》歌知足振《かしったりふり》』と、七月刊と推定される平秩東作《へずつとうさく》編の『狂歌師細見』がそれである。『狂歌知足振』は三二六名の狂歌作者名を掲げるが、遊里吉原のガイドブックである吉原細見のパロディ形式をとった『狂歌師細見』は、それよりも規模が大きく、狂歌界の内情に触れる記述が散見されるなど、興味深い内容の書物になっている。

これらの名鑑によれば、四方赤良の山手連《やまのてれん》（四方側）、唐衣橘洲の四谷連《よつやれん》（酔竹側）、朱楽菅江の朱楽連は武士中心の連、元木網の落栗連《おちくりれん》、浜辺黒人の芝連《しばれん》、大屋裏住や腹唐秋《はらからのあき》人《んど》の本町連《ほんちょうれん》、宿屋飯盛の伯楽連《はくらくれん》（五側）、鹿都部真顔《しかつべのまがお》の数寄屋連は町人中心の連、加保《かぽ》茶《ちゃの》元成《もとなり》の吉原連は遊廓関係者中心の連、花道つらねの堺町連は芝居関係者中心の連である。

しかし、石川了氏が指摘したように、『狂歌知足振』と『狂歌師細見』では同じ連でも所属の狂歌作者名に異同があり、この時点では、連というのは必ずしも固定的なグループではなく、連の中心人物との個人的なつながりや、それぞれの狂歌作者の居住地域による、流動的で緩やかなサロン的結合関係を示すものにすぎなかった。

二つの狂歌選集

当初はサロン的な場で即興的に詠み捨てられていた江戸狂歌も、流行にともなう狂歌人口の急激な増加によって、選集の出版が期待されるようになった。もちろん、それには利に敏《さと》い版元の関与もあった。そのような動向のなかで、天明三年正月に、江戸狂歌の選集として画期的な意味を持つ『狂歌若葉集』と『万載《まんざい》狂《きょう》歌《か》集《しゅう》』の二書が出版された。『狂歌若葉集』は唐衣橘洲編で、平秩東作・元木網・蛙《あ》面房懸水《めんぼうけんすい》・古瀬勝雄が編集に協力し、六八人の狂歌約八四〇首が作者別に収められている。『万載狂歌集』は四方赤良編で、朱楽菅江が編集に協力し、古人も含めて約二百三十余人の狂歌約七五〇首が、形式的には勅撰集『千載和歌集』のパロディとして四季や離別・羇《き》旅《りょ》・哀傷・恋などの部立てに分類されて収録されている。

同じ天明三年正月に同時にこれら二つの狂歌選集が出版された内情については、浜田義一郎氏の提示した推測が定説になっている。すなわち、『狂歌若葉集』のなかに橘洲の作として「赤良のぬしこの比《ごろ》ざれ歌にすさめがちなるに、甥の雲助ぬしの歌口にかんじて」という詞書を付して、「ざれ歌に秋の紅葉のあからよりはなも高尾のみねの雲輔《くもすけ》」という狂歌が収められているが、これは、橘洲が天明初年頃の赤良の狂歌を「すさめがち」として批判し、赤良の甥の野原雲輔（紀定丸《きのさだまる》）の詠みぶりの方を高く評価したものであり、その背景には橘洲と赤良の間の確執があった。そして、その確執の故に、橘洲は『狂歌若葉集』の編集にあたっては赤良を排除し、赤良の作を収めてはいるものの、橘洲の一〇七首、東作の五七首、木網の五一首に対し、四四首しか収めないというように冷遇した。そのような『狂歌若葉集』の編集が進行していることを知った赤良が、橘洲に対抗しようとして盟友菅江を語らって急遽編集したものが『万載狂歌集』だったというのである。

橘洲の赤良批判

確たる証拠資料がないので真相は不明というほかないが、数ヵ月遅れで出版された『狂歌師細見』には、橘洲と赤良の「わけ合《あい》」は菅江と木網の仲介でさっぱり片付き、「これからみんな会へも一所に出てあそぶのサ」と記されているので、このころ両者の間に何かしらの確執があったことは確かである。しかし、右に引用した橘洲の狂歌から、その直接的な原因を両者の狂歌の詠風の違いに求めるのは、必ずしも当たらないのではないかと思う。詞書の「ざれ歌にすさめがち」という箇所は、

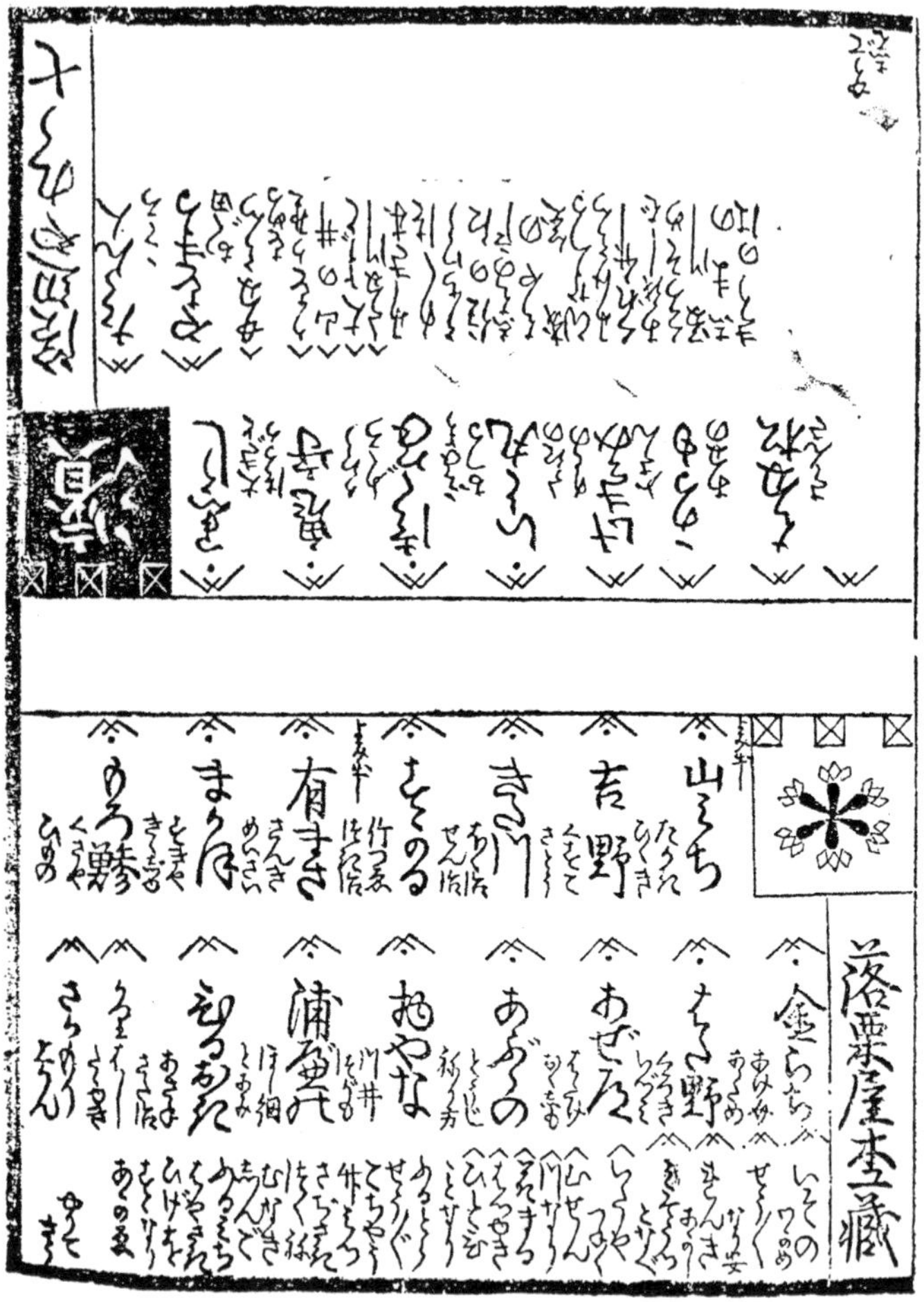

図7　『狂歌師細見』

「赤良の才気に任せて詠み散らす狂歌を橘洲が厭わしく思う」気持ちから出た言葉と解釈するのが一般的になっているが、これはこの詞書そのものの解釈としては正確さを欠いているように思われる。詞書に続く狂詠の「ざれ歌に秋の紅葉のあからより」という部分を、「秋（飽き）」という懸詞を踏まえて解釈すれば、明らかに赤良が近頃は狂歌に飽きているように見えるという意である。であるならば、詞書の「ざれ歌にすさめがち」というのも、「すさむ」という言葉をどう解釈するかという問題であるが、赤良の狂歌の詠みぶりが荒れがちであるというよりも、赤良が狂歌に遠ざかりがちになっているの意に解釈すべきではあるまいか。天明初年頃の赤良は、戯作《げさく》界にも進出して、洒落本《しゃれほん》に続く黄表紙《きびょうし》の執筆で版元との付き合いも忙しく、天明二年の日記『三春行楽記《さんしゅん》』に見られるように、土山宗次郎のような要路の幕臣や役者・戯作者との交遊も多くなり、頻繁に高級料亭や遊里に出かけるような生活をしていた。かつてのように少人数のサロンのなかで狂歌を楽しむというような生活から赤良は遠ざかりつつあったのである。橘洲が直接的に批判したのは、そのような赤良の狂歌サロン離れの生活であった。さればこそ、和解後は赤良のサロンへの復帰を示唆する、「これからみんな会へも一所に出てあそぶのサ」ということになったのではあるまいか。

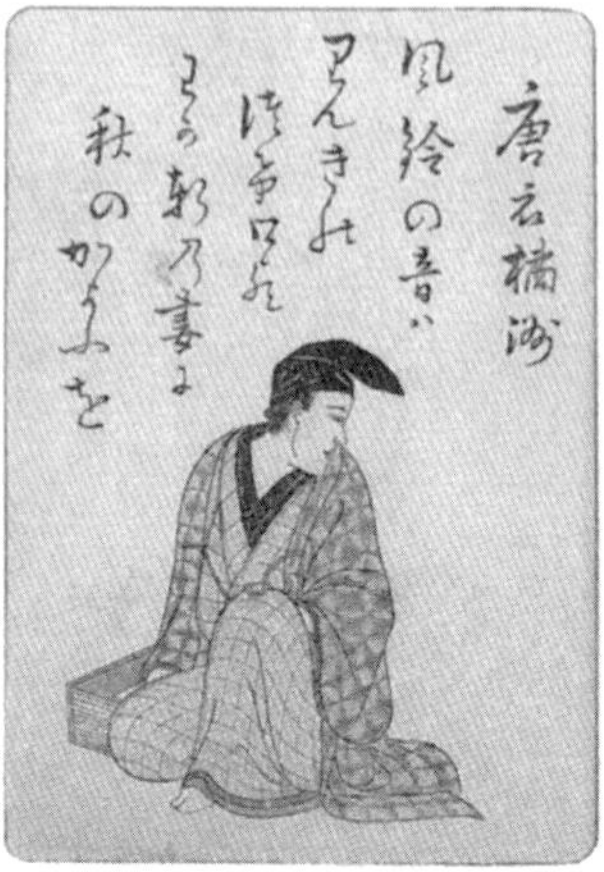

図８　唐衣橘洲肖像（『古今狂歌袋』〈太田記念美術館所蔵〉より）

狂歌観の違い

もちろん橘洲と赤良の狂歌観や詠風の違いは、江戸狂歌の流行過程のなかでしだいにはっきりとしてきたことであった。サロン的な集まりのなかで温雅端正な狂歌を楽しもうとした橘洲に対し、赤良は鋭い言語感覚を武器に才気煥発な江戸謳歌の狂歌を詠み、ついには狂歌サロンの枠からも飛び出していこうとした。そうした狂歌に対する姿勢の違いが、『狂歌若葉集』と『万載狂歌集』の編集方針の違いになって現れたのである。『狂歌若葉集』が、橘洲の序文に「この年頃朝夕なれ遊ぶ友がき何がしの花の団居《まどい》、くれがしの月の筵《むしろ》に言ひもて興ずる歌、柴栗《しばぐり》のしば〳〵にして打栗《うちぐり》のうちをくべくもあらねば」というように、サロン的な狂歌観にもとづいて作者本位の編集方針を採ったのに対し、『万載狂歌集』は、赤良の序文に「万《よろず》の宝高らかに、世に聞こえたるくさ〴〵の言の葉かき集めずといふことなし」というように、サロンの枠を越えて広い範囲から狂歌作品を集め、全体を勅撰和歌集のパロディとして仕立て上げることを編集方針にした。サロンの枠を越えて大衆化しつつあった江戸の狂歌界が歓迎したのは、サロン的な橘洲編の『狂歌若葉集』の方向ではなく、出版書肆《しょし》とも積極的に提携しつつ拡大開放的な方針を示した赤良編の『万載狂歌集』の方向だった。『万載狂歌集』は『狂歌若葉集』を圧倒し、江戸狂歌界における赤良の地位は確固たるものになるとともに、狂歌は江戸文化の流行を主導する先進的なメディアになった。

天明三年の宝合

これら二つの狂歌選集と二つの狂歌作者名鑑が出版されたのと同じ天明三年四月二十五日に、柳橋の料理屋河内屋で宝合《たからあわせ》の会が催され、その記録は『狂文宝合記』と題されて、同じ年の七月に出版された。これによれば、今回の宝合に出品された「宝」は原則一人一品で一一〇品、会場にはそれらが陳列され、「宝」の由来を書き記した狂文も初めから「宝」に添えられていた。当日は九ツ時（正午）に「宝」の陳列が始められ、八ツ時（午後二時）から「宝」の由来の披講、見物は八ツ半から七ツ（午後一時から四時）までと定められた。出品数が多いので披講は順を追ってではなく、銘々が勝手に行ったため、知恵内子《ちえのないし》の序文に、「披講すとて言ひ罵るさま、みな人あなはら〳〵と笑ふ、はたかしがまし」というように、喧噪に包まれたものだった。

もちろん、この催しは九年前の安永三年（一七七四）の宝合の会を意識し、その復興・

継承を意図して行われたものである。元木網や平秩東作《へずつとうさく》などの指導のもと、鹿都部真顔《しかつべのまがお》の率いる数寄屋連と腹唐秋人や大屋裏住《おおやのうらずみ》の率いる本町連の狂歌作者たちが中心になって準備が進められた。なかでも数寄屋連の竹杖為軽《たけつえのすがる》（幕府蘭方医《らんぽうい》桂川甫周《かつらがわほしゅう》の弟の森島中良《もりしまちゅうりょう》、戯作者としては万象亭などと号した）が世話役を務め、四方赤良や朱楽菅江が後見役として控えているというのが、この催しの実施体制だった。江戸の山手と下町をひっくるめ、武士と町人が入り交じった催しであったが、安永三年の宝合が山手中心のものであったのに対し、今回の宝合では明らかに中心は下町に移っていた。その規模も十数名の狂歌サロンのメンバーに限定されていた前回に比べると、天明期の急激な狂歌人口の増大を反映する大規模なものになっており、戯作者や版元を巻き込んだ、従来の狂歌サロンの枠を越えるものになっている。

「宝」の出品者として安永三年の宝合と重複しているのは赤良のみで、安永三年に出品した橘洲は今回は出品していない。また、赤良は単独ではなく菅江と共同で「子宝の序むだつどひなぞらへ系図」を出品しているが、当日の会には出席しなかったらしい。明らかに、安永三年の宝合とは様相を異にしていた。世話役の竹杖為軽が前もって配布したとされる「報条摺物《ほうじょうすりもの》」に「四里四方狂歌連戯作連不残《のこらず》出座」とあるように、今回の宝合は狂歌作者と戯作者の総動員が期されていたようだが、その背後にはおそらく版元の経営戦略が働いており、パフォーマンスというよりもイベントというに相応しいものになっている。『狂文宝合記』の出版も、おそらくは会の準備段階からすでに織り込み済みだったのであろう。天下太平の江戸の春の日のつれづれを、無用の戯言に興じて慰めようとしたサロン的なパフォーマンスから、「酒饌《しゆせん》料三百銅宛」（「報条摺物」）を入場料として徴収し、広く江戸市民の来場を乞おうとした商業主義的な一大イベントへと、宝合もまた変質したのである。

『徳和歌後万載集』

この天明三年の宝合に、「竜宮城玉取の階子《はしご》」という「宝」を出品した酒上不埒《さけのうえのふらち》こと恋川春町《こいかわはるまち》の黄表紙『万載集著微来歴《まんざいしゆうちよびらいれき》』（天明四年刊）に、「四方の赤良は万載集を選みしこと叡聞に達し、御褒美として前関白太政大臣和田のはらと言ふ官位を下され、御狂歌所の別当となり、めでたく栄へけると也」と言挙《ことあ》げされているように、『万載狂歌集』の成功によって赤良は江戸狂歌壇の盟主として祭り上げられるようになり、旨味を覚えた版元は『万載狂歌集』の続編の編集を赤良に依頼した。

天明五年正月に『万載狂歌集』と同じ版元須原屋《すはらや》伊八から出版された『徳和歌後万載《とくわかごまんざい》

集《しゅう》』がその続編である。『万載狂歌集』とほぼ同じ編集方針が採られているが、古人の作は激減し、収録作者約二七〇人、収録歌数八百七十余首と『万載狂歌集』より規模は拡大しており、天明期江戸狂歌の全体を俯瞰《ふかん》するに足る選集として高く評価されている。しかし、菅江の跋文に、「江戸四里四方のすきびと、赤良が選びに応ぜんとて、持《も》て集まれる草稿五車《くるま》に余り、かつ千箱にみてり」と記すように、赤良の許には大量の採録依頼の狂歌が集まり、編集作業に難渋したさまが窺われるほか、赤良自身も序文に「都下の歌角力《うたずもう》また盛りなり。たゞ遠慮会釈のむかし人少なく、会しづかに寄り合ひし面影を慕ふのみにあらず」と記したように、自らが主導した江戸狂歌界の拡大大衆化に早くも倦厭《けんえん》の情を漏らすようになっているのが注目される。底辺の拡大に伴う質的な低下を目の当たりにするようになった赤良は、一転して江戸狂歌揺籃期《ようらんき》の親密な狂歌サロンに郷愁を覚えるようになっていたのである。

狂歌評判記

しかし、大衆化の道をたどり始めた江戸の狂歌界の流れを止めることはできなかった。江戸狂歌界の規模の拡大は、お互いの情報を自然に共有するサロン的な結合を解体してゆくものでもあった。大衆化状況が生まれ、未知の狂歌作者が増えてくれば、それぞれの狂歌作者についての情報や評価が求められるようになる。そのような江戸狂歌界の需要を見越した版元蔦屋《つたや》重三郎《じゆうざぶろう》によって出版されたのが、天明五年刊の『狂歌俳優風《きょうかわざおぎぶり》』という狂歌評判記だった。

これは形式的には役者評判記のパロディになっており、立役《たちやく》・実悪《じつあく》・色悪《いろあく》・敵役《かたきやく》・若女形《わかおやま》などの分類のもと、芝居のよく知られた役名にそれぞれ狂歌作者を宛て、狂詠を掲げて評判を書き付けるというもので、一八五名の狂歌作者が取り上げられている。判者は唐衣橘洲・朱楽菅江・四方赤良という江戸狂歌界の耆宿《きしゆく》ともいうべき三人で、巻末には、天明五年八月七日にこの三人が版元の蔦屋に集まって位付けを定め、翌八日から十二日までの五日間で「細評」を脱稿したと記されている。赤良は序文のなかで版元の蔦屋重三郎の様子を、「一ったい遠目のきく男にて四方を見廻し、おづ〳〵座敷へまかり出しからは、一刻も早く御伝授有つて」と記し、判者たちに原稿を迫ったことを記している。この狂歌評判記もまた目端の利く版元が主導した企画であり、そこには江戸狂歌界の世代交代が暗示されていた。

『徳和歌後万載集』に収録する赤良の狂歌に「世中《よのなか》の人には時の狂歌師と呼ばるる名こそおかしかりけれ」とあるように、江戸狂歌の熱狂的な流行にかえって異和感を感じるようになっていた赤良は、『狂歌俳優風』の序文に「むだ口などといふ事は夢にだも見ず、風雅とははやり風の事と思ひ、詩歌とは子供に小便やる事と心得、歌は詠まねど狂歌師の株は四五千両の売り買ひとはなりぬ。少しも早く三鳥三木の伝をおも手代に譲り、三軒ながらく〳〵隠居いたさん」と記し、判者三人の引退を匂わせている。後を託された「おも手代」というのは、立役の部の巻頭と巻軸に据えられた宿屋飯盛《やどやのめしもり》や鹿都部真顔《しかつべのまがお》など、天明期の狂歌流行のなかで登場した新進の狂歌作者たちであった。

寛政の改革と江戸狂歌

寛政の改革は、老中田沼意次《たぬまおきつぐ》が失脚し、松平定信《まつだいらさだのぶ》が老中首座に就任した天明七年六月に始まる。赤良の編集した天明期江戸狂歌の代表的な選集の三番目にあたる『狂歌才蔵集』は、その天明七年の正月に蔦屋重三郎から出版された。編集方針は先の『万載狂歌集』と『徳和歌後万載集』を踏襲したものであるが、規模はやや縮小され、編集上の不体裁が見られるなど、前二集に比べると低調の感を免れない。

その背景には、赤良の狂歌に対する熱意の減退があるとされている。赤良は序文を書いて編者であることを示しているが、巻末にみずからの筆蹟で「紀《きの》みじか、二歩只取《にぶのただどり》、宿屋めし盛、つぶり光、鹿都部真顔、紀定丸《きのさだまる》等よみかうがへつ」とわざわざ校定者を列挙しているように、実際の編集作業は後進の狂歌作者たちに委ねた部分が多かったように思われる。赤良は最晩年の文政四年（一八二一）になって三〇年の昔を回顧し、「ことし（天明七年をいう）秋文月の比《ころ》、何がしの太守の新政にて文武の道おこりしかば、此輩と交《まじわり》をたちて家にこもり居しも、おもへば三十とせあまりのむかしとなりぬ」（『狂歌千里同風』識語）と記している。『狂歌才蔵集』を出版して半年後、寛政の改革の開始を機に、赤良は狂歌および狂歌作者たちと絶縁したと言っているのである。

寛政の改革によって、旧田沼政権下で権勢を揮っていた旗本たちは失脚し、赤良と狂歌を通じて親密な交遊のあった勘定組頭土山宗次郎も死罪に処せられ、赤良の盟友平秩東作も土山との関係で処罰された。また、折から世上に広まっていた「世の中に蚊ほど（これほど）うるさきものはなしぶんぶ（文武）といふて夜も寝られず」という寛政の改革批判の落首は、赤良の作だという噂も流れていた。累が及ぶことを恐れ、身の危険を感じた赤良が、保身のため狂歌と絶縁し、自宅で謹慎したということは大いにあり得ることである。しかしまた、すでにその時点で赤良が狂歌に対する熱意を失っており、狂歌界から身を引く機会を窺っていたことも確かであった。

石川淳は「狂歌百鬼夜狂」（昭和二十七年〈一九五二〉十月）のなかで、「天明狂歌とは、けだし happy few の運動であつた。その末流には俗物の屑もまじつてゐたことだらう。この運動はそれらの屑の値を零と置いてしまふやうな仕掛になつてゐる」と断じている。しかし、正確にいうならば、江戸狂歌は天明三年を境目に、サロンにつどった「happy few の運動」から、「俗物の屑」が方向を決める大衆的な文学へと変質した。そして、「屑の値を零」にすることの不可能を覚ったとき、変質への道筋を主導した赤良がまず誰よりも早く見切りをつけ、いったんは江戸狂歌界から身を引いてしまったのであった。

蘭学と桂川サロン

『解体新書』まで

蘭学前夜

蘭学とは、幕初から幕末に至るまで日本と貿易関係のあった唯一の西洋国家オランダ（和蘭、阿蘭陀、喎蘭などと表記される）の言語、すなわちオランダ語を介して学ばれた学問の汎称である。長崎に入港する貿易船が運んできたオランダ語の書物、長崎の出島のオランダ商館に滞在したカピタンやオランダ人医師や書記などがその情報源であったが、内容的にはオランダ一国の学術にとどまらず、広くヨーロッパ全体の学術に及ぶことがあったのはもちろんである。そして、幕末期になるとイギリス・ロシア・アメリカ・フランスなどオランダ以外の西洋諸国との直接的な交渉も生じたため、英語・ロシア語・フランス語などをも介在させた西洋全般についての学問に拡大していき、広く洋学と呼ばれるようになった。

キリスト教禁止は徳川幕府の祖法であり、幕初の時点から、日本人の海外渡航を禁止し、外国船の来航を清とオランダの貿易船のみに制限する、いわゆる「鎖国」（海禁）政策が採られた。江戸時代以前、日本に初めてヨーロッパの息吹きをもたらしたポルトガルは、キリスト教の布教に熱心なカトリック教国であったため、江戸時代になると貿易船の来航も禁止され、ヨーロッパ諸国のなかでは、貿易と宗教を切り離した新教国オランダの貿易船のみ長崎への来航を許されたのである。出島ではオランダ通詞《つうじ》を仲立ちにして貿易が行われ、出島のオランダ商館に赴任したカピタンは、オランダ人医師や書記そしてオランダ通詞などをともない、将軍に拝謁するためしばしば江戸に参府して、幕府にヨーロッパ情勢を報告した。そうした折々に医師を中心とした日本人との交渉によって、オランダ流の医学や博物学などの情報がおのずから日本側にも伝わるようになった。しかし、当初それらはオランダ通詞を介してであり、十八世紀になってもまだ、学術書を講読翻訳することによって組織的に専門知識を習得してゆくという、学問的なレベルにまでは達していなかった。

蘭学のはじまり

そうした状況を大きく変えるきっかけを作ったのが、八代将軍徳川吉宗である。吉宗は享保の改革を主導して幕藩体制の建て直しに取り組んだ。殖産興業を図り、西洋の先進的な科学技術を導入しようとしたのである。従来、幕府はキリスト教禁止を徹底させるため、長崎に船載される漢籍についても厳しく検閲して、キリスト教関係の記事を含む書物を禁書とし、輸入を禁止したほどであった。吉宗は享保五年（一七二〇）年にその検閲方針を緩和して、科学技術書や地誌など実学的な書物については、キリスト教関係の記事が少々混入していても、輸入を許可することにした。これはその後の日本の科学技術の発展をもたらす要因の一つであったとされ、蘭学興隆の遠因にもなる政策であった。

吉宗は同様の意図から、幕府の医師で本草《ほんぞう》学者であった野呂元丈《のろげんじょう》にオランダ博物学を学ばせ、幕府に仕えていた儒者青木昆陽《あおきこんよう》にはオランダ語の学習を命じた。オランダ語の初歩を習得した昆陽は、オランダ歌曲の歌詞の大意を翻訳した『和蘭勧酒歌訳《おらんだかんしゅかやく》』を著し、延享二年（一七四五）に幕府に献上した。昆陽のオランダ語力は、杉田玄白《すぎたげんぱく》の『蘭東事始』（『蘭学事始《らんがくことはじめ》』とも）によれば、オランダ語のアルファベット二五文字を書き習う程度だったというが、これが江戸における蘭学の本格的な始まりとされている。

蘭学興隆の中心になったのは医師である。病気の治療、とくに西洋医学（蘭方《らんぽう》）の外科が優れていることは早くから認められており、蘭方医の西玄哲《にしげんてつ》や桂川甫筑《かつらがわほちく》（邦教《くにのり》）は蘭学興隆以前に幕府の奥医師《おくいし》（将軍の侍医）に任じられている。初期の蘭方医は、ポルトガル人がもたらした南蛮《なんばん》流医術や、オランダ通詞がオランダ人医師から授けられたというオランダ流医術の流れを受け継いでいたが、オランダの医書が渡来するようになると、直接医書について西洋医学を系統的に学ぼうと志す医師も出てきた。青木昆陽に入門してオランダ語を学んだという豊前中津藩医前野《まえの》良沢《りょうたく》、若狭小浜藩医中川淳庵《なかがわじゅんあん》や同じ若狭小浜藩医だった杉田玄白などである。

江戸の長崎屋

オランダの医書によって系統的に西洋医学を学ぼうとした蘭方医たちにとって、知見を広めるための好機は、ほぼ毎年（寛政二年〈一七九〇〉以後は四年に一度）行われたオランダ商館長（カピタン）一行の江戸参府であった。一行にはカピタンのほかにオランダ人の書記や医師、それに日本人のオランダ通詞なども随行した。日本橋本石町《ほんこくちょう》の長崎屋が定宿とされ、一行は江戸での最大の行事である将軍への拝謁に備えた。彼らは長崎屋には二一〜三週間程度滞在し、その間は長崎の出島におけるよりも比較的自由に日本人と交流することができたという。

図9　葛飾北斎「本石町長崎屋之図」
（『東遊』〈東京都立中央図書館加賀文庫所蔵〉より）

とはいえ、誰でもが自由にオランダ人と面会できたわけではない。職務上、オランダ人に質問したいことのある幕府の医師や天文方の役人が幕府当局に面会を申請し、許可された場合に長崎屋での面談が可能になるということだった。その際、一般の医師や本草学者なども、幕府の医師や天文方の門人という扱いでオランダ人との面談に加わることができたらしい。また、オランダ人に直接面談することは難しくても、カピタン一行に随行して来たオランダ通詞と会って、彼らから新しい情報を得ることは可能だった。

杉田玄白の『蘭東事始』によれば、明和八年（一七七一）の春、オランダ商館長の江戸参府一行に随行して長崎屋に滞在していたオランダ通詞を訪《と》うた玄白は、「望人《のぞむひと》あらば、ゆづるべし」と通詞にいわれて、オランダの解剖学書『ターヘル・アナトミア』を見せられた。この時、玄白はまだオランダ語を読めなかったが、これはどうしても手元に置きたい書物だと思い、藩の家老に頼み込んで購入して貰った。

『ターヘル・アナトミア』の翻訳

玄白が『ターヘル・アナトミア』を入手してすぐ後の明和八年三月三日の夜、玄白のもとに町奉行の家士からある知らせが届いた。翌日、千住《せんじゅ》の小塚原《こづかっぱら》において刑死した女囚の腑分け《ふわけ》（解剖）が行われるので、立ち会いたければ小塚原まで来るようにという知らせであった。そこで玄白は前野良沢や中川淳庵など、前々から腑分けに立ち会って医業に役立てたいと考えていた同志の医師たちに急いで連絡を回した。

当日指定の場所に行くと、良沢がこれは先年長崎で手に入れたものだと言って、懐から一冊の書物を取り出した。あにはからんや、それは先日玄白が入手したものと同版の『ターヘル・アナトミア』だった。玄白は良沢とともに腑分けの実際を、『ターヘル・アナトミア』所載の人体解剖図と比較しながら観察した。そして、その人体解剖図の精確さに驚嘆した。腑分けの会場から一緒に帰途についた玄白・良沢・淳庵の三人は、『ターヘル・アナトミア』を自分たちで協力して翻訳すれば、今後の治療に大いに益があろうと話し合い、さっそくその翌日から鉄砲洲《てつぽうず》の中津藩の中屋敷内にあった良沢の家に集まり、翻訳に取りかかることにした。

年長者でオランダ語がかなり読めた良沢が翻訳作業の中心となり、オランダ語のできなかった玄白などはアルファベットを覚えることから始めたという。はじめはほとんど手も足も出ないような状態だったが、月に六、七回も会合し、検討を重ねていくうちに次第に翻訳も進むようになり、「草稿は拾壱度《じゆういちど》、年は四年に満《みた》して」、『ターヘル・アナトミア』の翻訳書『解体新書』は完成し、「和蘭《おらんだ》翻訳書公《おおや》けになりぬる始《はじめ》」の書物として安永三年(一七七四)に出版された。

蘭学社中の成立

豊前中津藩主奥平昌鹿《おくだいらまさか》に藩医として仕え、藩主昌鹿に「阿蘭陀人の化物」と評されたことから、蘭化と号するようになったという良沢は、『ターヘル・アナトミア』翻訳の実質的な中心であった。しかし、良沢は世俗的な付き合

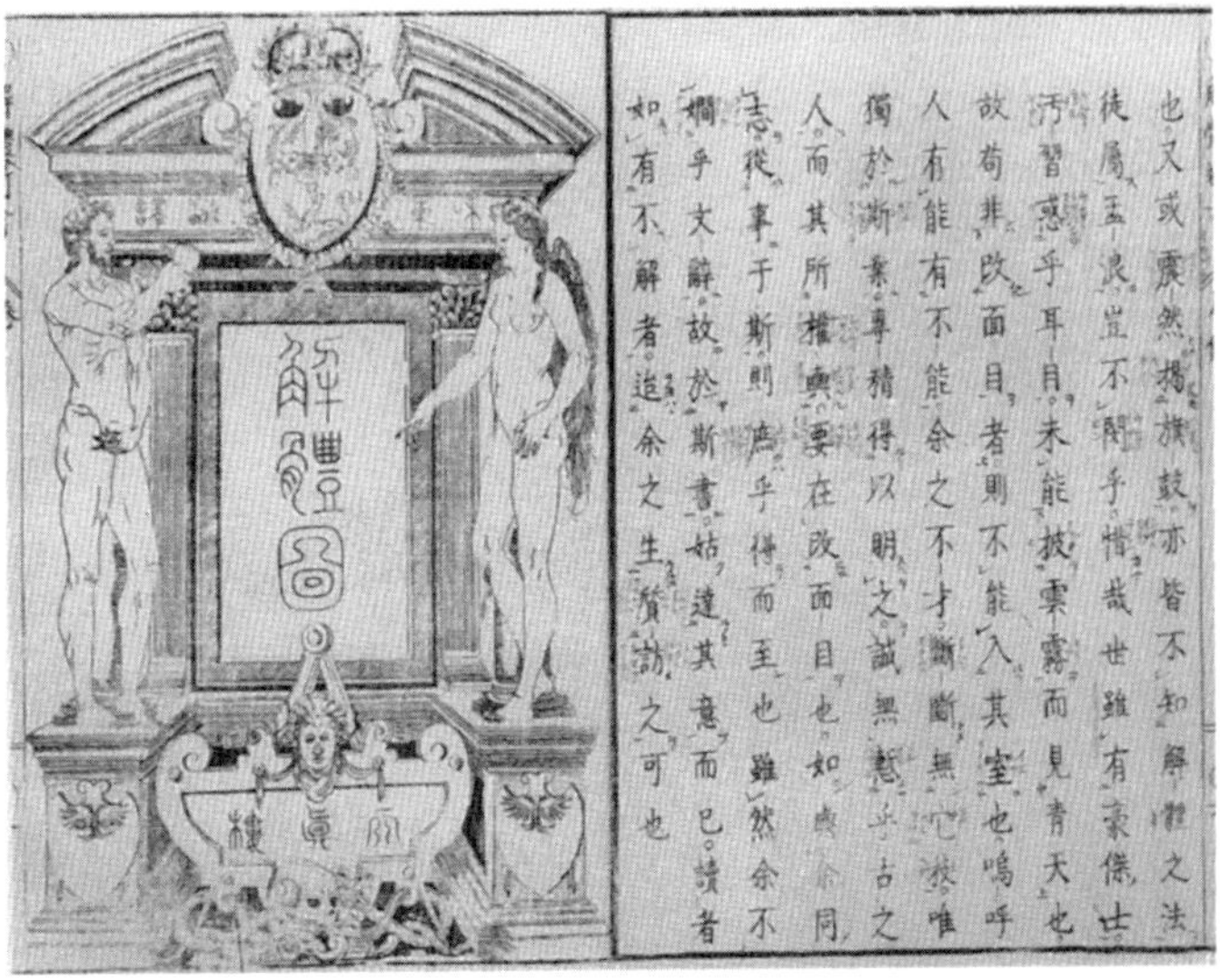

図10　『解体新書』（慶應義塾図書館所蔵）

いを好まない内向的な性格で、『解体新書』の出版に際しても自分の名前を出すことを強く拒むような人物だった。

こうした良沢とは対照的に、玄白はみずから『蘭東事始』のなかで、「世に良沢といふ人なくは、此道《この》開くべからず。且《かつ》、翁が如き素意《そい》大略《たいりやく》の人なくは、此道かく速《すみやか》には開くべからず」と述べたように、人付き合いのよい大雑把な外向的性格で、『ターヘル・アナトミア』の翻訳を強力に推進する牽引車としての役割を果たした。

蘭学形成期における両輪としての良沢・玄白について、良沢・玄白に続く蘭学世代の中心人物であった大槻玄沢《おおつきげんたく》は、『六物新志《ろくもつしんし》』（天明七年〈一七八七〉刊）の「題言七則」のなかに、「和蘭学の此の二先生における、その一を欠いては則《すなわ》ち不可なり。何となれば則ち蘭化先生微《なかり》せば則ち此の学、精密の地位に至ること能《あた》はず。鶴斎《いさい》先生（玄白の号）微せば則ち此の学、海内を鼓動して而《しか》して今日の如くなること有ること能はず」（原漢文）と記している。

『蘭東事始』に、「此会業《このかいぎょう》怠らずして勤《つとめ》たりし中、次第に同臭の人も相加《あいくわわ》り、寄りつどふ事になりしが、各《おのおの》志す所ありて、一様ならず」と回想するように、『ターヘル・アナトミア』の翻訳社中には、医学だけでなくさまざまな分野に関心を持つ人々が集まるようになった。そして、「社中にて、誰いふともなく蘭学といへる新名を首唱し、我東方《わがにっぽん》闔州《そうこくちゅう》、自然と通称となるにも至れり」と記すように、今日通用する蘭学という名称は、さまざまな専門分野に関心を持つ人々が集まったこの翻訳社中のなかから、自然発生的に生まれたものだったのである。『ターヘル・アナトミア』の翻訳が会業の中心であったが、そこではそれに限定されず、さまざまな蘭学情報の交換も行われたであろう。「会集の期日は、前日より夜の明《あく》るを待兼《まちかね》、児女子《じじょし》の祭り見に行くの心地せり」と玄白が『蘭東事始』に回想したように、新奇な学問をすることの楽しさに満ち溢れた、サロン的とでも言うべき集まりが形成されるようになっていたのである。

桂川のサロン

オランダ流外科の奥医師

『ターヘル・アナトミア』の翻訳作業に集まるようになった「同臭の人」のなかには、代々幕府の奥医師をつとめる桂川家の四代目甫周《ほしゅう》（国瑞《くにあきら》）の姿があった。『蘭東事始』には次のように記されている。

最初より会合ありし桂川甫周君は、天性穎敏《えいびん》、逸群の才にてありし故、彼文辞・章句を領解《りょうげ》し給ふ事も万端《ばんたん》人より早く、未だ弱齢《じゃくれい》とは申し、社中にても各《おのおの》「末頼母敷《すえたのもしく》芳し《かんば》」とて賞嘆したりき。尤《もっとも》、其家代々阿蘭陀流外科の官医なる上、其父甫三《ほさん》君は青木先生よりアベセ二十五字を始め、僅《わずか》ながらも蘭語抔《など》も伝り給しを聞覚へ、少しは其下地《そのしたじ》もありし故にや、退窟《たいくつ》のよふすもなく、会毎に怠りなく出席し給へり。

『ターヘル・アナトミア』の訳業が始まった明和八年（一七七一）時点で、甫周は十八歳、桂川家の当主は桂川家二代目の祖父甫筑《ほちく》（国華《くにてる》）七十五歳、桂川家三代目の父甫三《ほさん》（国訓《くにのり》）は部屋住みながら法眼《ほうげん》の位に叙せられ奥医師をつとめる四十二歳の働き盛りであった。青木昆陽からオランダ語の初歩を学んだというのは、三代目の甫三である。甫三の人物については息子の甫周が撰した「墓誌」に、次のように記されている。

人となり恬静寡欲《てんせいかよく》、甚《はなは》だ勢利を厭《いと》ひ、公事及び療を請ふ者有るにあらざれば、未だ嘗《かつ》て権貴の門に至らざるなり。暇日毎《かじつごと》に輒《すなわ》ち必ず書室に入り、手に巻を釈《お》かず。或いは吟詠して自ら娯《たの》しむ。性、温柔にして、人を愛するに親疎無く、善くこれを遇す。常に酒を飲むことを好み、客有れば必ず対酌す。盛んには饌《せん》を設けず、肴《さかな》は甚だしくは傀俄《かいが》に至らず。諧謔して歓を罄《つ》くし、酔ひて便《すなわ》ち罷《や》む（原漢文）。

温和な性格で文人肌、誰とでも親しく付き合い、酒好きで、贅沢な肴を用意するわけではなかったが、来客は酒でもてなし、酒席の楽しい人だったというのである。奥医師という地位もあり、蘭学者たちにとってはパトロンとしてうってつけの人物だった。司馬江漢《しばこうかん》が『春波楼筆記《しゅんぱろうひっき》』に、「能弁才子、桂川の家に会す。桂川は蘭学者なり。集まる者同癖」と記すように、桂川家は甫三の代から次第に蘭学者たちのサロンになっていった。オランダとの貿易は長崎奉行所の管轄する所であり、当然のことながら蘭学に関わる情報は幕府に独占されていた。蘭学者たちにとって、幕府の独占する蘭学情報は喉《のど》から手が出るほど欲しかったはずである。幕府の奥医師桂川のサロンは、そうした貴重な蘭学情報に接することのできる数少ない場所だった。

築地《つきじ》中通りにあった桂川家の役宅は、前野良沢の住んでいた中津藩中屋敷のある鉄砲洲《てっぽうず》、杉田玄白の住んでいた若狭藩中屋敷のある浜町とも近かった。『ターヘル・アナトミア』の翻訳開始以前、同じ蘭方医として甫三と良沢・玄白との間にはすでに交遊があった。そうであったからこそ、『ターヘル・アナトミア』の訳業に早い段階から十八歳の甫周も参加したのである。

桂川甫三と平賀源内

桂川家は奥医師の特権として、年々参府したカピタンやオランダ人医師を長崎屋に訪《と》うて面談し、西洋医学に関するさまざまな情報を得ることができた。そして、時にサロンに顔を見せる蘭学者たちから頼まれれば、門人ということにしてオランダ人との面談の席に同道することもあった。

平賀源内《ひらがげんない》も桂川サロンに集った蘭学者の一人である。宝暦六年（一七五六）に江戸に出府した源内は、全国各地の物産を集めた薬品会《やくひんえ》を主催、宝暦十二年にはその成果を『物類《ぶつるい》品隲《ひんしつ》』と題して出版し、博物学を専攻する蘭学者として売り出しつつあった。源内は火浣布《かかんぷ》という燃えない布を創製し、『火浣布略説』を明和二年に出版したが、その序文を書いたのは桂川甫三であった。

図11　平賀源内肖像（『戯作者考拾遺』より）

また、源内は本石町《ほんこくちょう》の長崎屋で何度かオランダ人とも面談したが、「浪人者」源内がオランダ人との面会を希望したとしても、そのまま叶えられるものではなかった。おそらく源内は甫三に頼み込み、奥医師桂川甫三の門人ということで甫三に同道させてもらったものと思われる。

『蘭東事始』には源内とカピタンをめぐる二つの逸話が記されている。一つは、カピタンの前で源内がカピタンの金袋の口につけてあった知恵の輪を即座に解《ほど》いて感心されたという話、もう一つは、カピタンが示したスランガステーン（蛇の石）という石がいかなる物かを、源内がカピタンを相手に滔々《とうとう》と弁じてカピタンを驚嘆させたという話である。『蘭東事始』によれば、この二つの逸話はカランスというカピタンを相手にしたもので、ともに明和六年の出来事ということになっている。しかし、スランガステーンの一件は、明和六年よりかなり前の宝暦十一年のことで、この時のカピタンはバブルだったというのが正しいとされている。いずれにしても、源内の博識敏才を伝えるこのような逸話の背後に、奥医師桂川甫三の存在があったことは間違いないであろう。

『解体新書』の出版

甫三の嫡子甫周が『ターヘル・アナトミア』の訳業に参加したことはすでに述べたが、その翻訳を『解体新書』として出版するについて、玄白は危惧を抱いていた。『蘭東事始』によれば、本草家の後藤梨春《りしゅん》が『解体新書』出版八年前の明和二年に『紅毛談《おらんだばなし》』という書物を出版したところ、オランダ文字のアルファベットが掲載されていたため、絶版処分を受けたという。これと同じように『解体新書』の出版も、禁令を犯す行為ということで罪を蒙《こうむ》るのではないかと、玄白ははなはだ「恐怖」したと述べている。『紅毛談』の絶版云々というのは実は玄白の思い込みで、現在ではそのような事実はなかったとされているが、玄白が『解体新書』の出版について、当時かなり神経質になっていたことが窺われる記事である。

一計を案じた玄白は、翻訳仲間であった甫周の父甫三とは旧知の間柄だったので、『解体新書』の出版について甫三に相談したところ、甫三の「取扱推挙」によって将軍家の奥向きへの献上が実現し、結果的に出版に支障が起きるようなことはなかったという。出版された『解体新書』の巻頭には、「若狭杉田玄白翼　訳／同藩中川淳庵鱗　校／東都石川玄常世通　参／官医　東都桂川甫周世民　閲」と翻訳関係者の名前が連ねられている。甫周はこの時はまだ二十二歳の若輩であったが、その名前を掲げてわざわざ「官医」の閲覧を経たものであることを示したのは、出版にともなう危険を、「官医」の権威によって予め回避しておきたいと考えたからであろう。

鶏群のなかの野鶴

甫三の後を継いだ桂川家四代目の甫周について、『蘭東事始』に「天性穎敏、逸群の才」と評されていたことはすでに紹介したが、葛西因是《かさいいんぜ》の撰した「墓表」（漢文）にはその人となりが詳しく記されている。その一部を現代語訳して掲げておこう。

甫周先生の蘭学は、外科の医術を基礎としたものであるが、薬物・本草にも詳しく、また地球万国の説にも詳しかった。オランダ風の書画も巧みで、オランダ人でさえ名筆だと褒《ほ》めた。オランダ人のロンベルゲが江戸に来て宿舎に寓した時、脚腫衝心《きゃくしゅしょうしん》を病んだ。オランダ人医師が治療に当たったが、効果がみられなかった。瀕死の状態になったロンベルゲを先生が治療したところ、やがて回復した。ロンベルゲはお礼として外科医具一箱を贈ったという。俄羅斯《オロシャ》国で甫周先生の名前が知られているというのもオランダ人が先生の名前を伝えたからである。したがって、日本では蘭学者といえば、先生を以て宗師とするのである。

楽器については演奏できないというものはなく、古玉や銅器や書画はもっとも好むところであった。新たに渡来した奇書で得難いものについては、財布をはたいても手に入れた。おそらく風流好事《こうず》は先生の天性であった。幕医としての勤めから帰宅して何事もなければ、必らず書斎に坐って、香を焚き、書を読み、笙《しょう》を弄《もてあそ》び、笛を吹き、琴を調べ、箏《そう》を理しているようすには、さながら中華の名士の風があった。先生は温柔恭譲で、高い身分に驕るようすも無く、和気藹々《あいあい》として、乱暴な言葉遣いもしなかった。高貴の人から卑賤の者まで、一たび先生に接した者は、その人柄を忘れることがなかった。先生の容貌は秀麗で、気高さが輝き溢れていた。先生が多くの人の中に坐っているのを望み見ると、野鶴《やかく》（野生の鶴）がすらりとして鶏の群の中にいるようであった。私は医者の中にいまだ嘗《かつ》てこのような人を見たことはない。また士大夫の中にもいまだ嘗てこのような人を見たことはないのである。

ロンベルゲというのは天明七年（一七八七）に参府したカピタンである。ロンベルゲは長崎屋滞在中に「ポーチー」という流行病に罹《かか》り、オランダ人医師も治療に窮したが、甫周の治療が奏功し、ロンベルゲは病気から回復したというのである。また、俄羅斯国の人が甫周の名前を知っていたというのは、大黒屋光太夫《だいこくやこうだゆう》の一件に関わる逸話である。寛政四年（一七九二）に大黒屋光太夫ほかの漂流民が、十余年のロシア滞留の後に、ラクスマンに率いられたロシア艦隊によって日本に送り届けられた。江戸に回送された光太夫は江戸城吹上《ふきあげ》御殿で将軍の拝謁を賜った。その時、尋問を受けた光太夫が、ロシアでは「日本人にては桂川甫周様、中川淳庵様と申《もうす》御方の御名斗《ばか》りはいづれも存居申候《ぞんじおりもうしそうろう》」（『漂民御覧之記』）と答えたことを指している。甫周の蘭方医・蘭学者としての名声が日本国内にとどまらず、外国にまで届いていたことを示す記事である。ちなみに光太夫を尋問し、その見聞談話を甫周が整理編集して成立したロシア地誌が『北槎聞略《ほくさぶんりやく》』である。

これに続いて「墓表」が顕彰するのは、甫周の人間的な魅力である。音楽や書画を善くした骨董好きの風流人で、性格は温和で謙譲、言葉遣いは和気藹々として丁寧、身分の上下を問わず誰にでも好かれ、どこに居ても目立つ、姿の美しい美男子だったのである。

名文家として誉れの高かった葛西因是の撰した「墓表」の文章なので、この手放しの称賛を額面通りに受け取る必要はないのかもしれないが、甫周が父甫三の人間的な美質を受け継ぎ、さらにそれに輪を掛けたような魅力的な人物だったことは、他の史料からも裏付けられる。「月池先生（甫周のこと）は美男子であつたので、奥に入ると女中共が桂川さん桂川さんといふ。それでかういふものが奥向に出入りすると大奥の取締がつかぬといふので」（大槻如電《おおつきじょでん》「桂川月池先生百年祭講演」）、甫周は一時奥医師の任を解かれて寄合《よりあい》医師に転ぜられたのだというような噂もあった。

オランダ人に愛された甫周

この噂についてはともかく、甫周の人間的な魅力は西洋人をも引きつけるものがあった。安永五年（一七七六）オランダ商館長フェートに随行して、商館付き医師の資格で江戸に参府したスウェーデン人ツンベルグは、その『日本紀行』のなかで、長崎屋で対面した二十六歳の甫周の印象を次のように記している。

一番若い医者はカツラガワ・ホジウ（桂川甫周）と云ふ人で、将軍の侍医なので、衣服に将軍の紋をつけていた。この若者は愛想がよく陽気な性質の人で、よく私の許にその友達ナカガワ・スンナン（中川淳庵）をつれて来た。この人は彼より少し年長で、この国の公子付の医者である。二人とも、ことに後者は和蘭語をかなり話した。……二人は学問を熱愛する上に世の人の為めにならうとする熱望があり、又一寸外で見られない従順な性質を持つてゐる。

蘭学仲間への配慮

ここでも、甫周は若狭藩医中川淳庵をオランダ人との面会に同道していたことがわかるが、寛政六年（一七九四）の長崎屋における甫周らとオランダ人との面会の顚末を伝える史料に、大槻玄沢の『甲寅来貢西客対唔《せいかくたいご》』がある。この年は四月にカピタンのヘンミイ一行が江戸に参府した。この時にはすでにカピタンの参府は四年に一度というように間遠になっていたので、この貴重な機会をつかまえて、甫周は友人の蘭学者たちが、オランダ人と面談して日頃の疑問点を解明することができるよう、幕府当局へ同道許可の願書を提出した。同道者として許可申請に名前を連ねたのは、大槻玄沢・森島甫斎《ほさい》・宇田川玄随《うだがわげんずい》・杉田玄白・前野良沢の五名である。このうちの森島甫斎は甫周の実弟森島中良《もりしまちゅうりょう》であるが、この人については次節で詳しく触れることにする。各人の仕える藩が改めて幕府に申請書を提出し、それを受けて幕府は彼らの面談を許可する決定をした。

そのことに感激した玄沢は、『甲寅来貢西客対唔』に次のような一文を記している。「嗚呼《ああ》斯《この》一挙《いっきょ》、余等年来此道に篤《あつ》きの余、桂公の深志に出るといへども、陪臣の身として恭《うやうや》しく厳命を奉じ、殊方《しゅほう》の異客に応接を許され、素業の疑問に及びし事、其益不益は論ぜず、我道の面目にして、本懐の至り、実に感戴《かんたい》に堪えず」。ここにいう「桂公」は甫周のことである。こうした事の顚末にも、奥医師の立場を活用して、桂川の蘭学サロンに集まる友人たちに研究上の便宜を図ろうとした、甫周の周到な配慮を見ることができるであろう。蘭学者たちにとって、桂川のサロンに出入りすることによって受ける恩恵は少なくなかったのである。

蘭学サロンと戯作壇

森島中良という人

桂川家四代目の甫周には、森島中良《ちゅうりょう》という実弟がいた。実の兄弟ながら姓が違うのは、中良が本姓を名乗ったからである。桂川家が本姓の森島氏を改めて桂川氏を名乗るようになったのは、桂川家初代の甫筑（邦教）が平戸松浦藩の蘭方医嵐山甫安《あらしやまほあん》に師事して医を学んだからであった。師家の恩を忘れなかった甫筑は、京都の嵐山の麓を水源とする桂川にちなんで、嵐山甫安の流れを汲んで医を学んだ自分を桂川に擬《なぞら》え、森島から桂川に姓を変えたのだという。

甫周と中良とは二歳違いの仲睦まじい兄弟だった。中良は家督を継いだ兄の部屋住みとして、医を業としながら、終生築地の桂川邸内で暮らした。『百家琦行伝《ひゃっかきこうでん》』（弘化二年〈一八四五〉刊）に、「常に人に諂《へつら》はず、高慢《たかぶら》ず、人に会ふときは、唯《ただ》戯言をもて事とす。……常の談話滑稽のみおほく、然《しか》して胸中数万巻の書を秘めおき、世界を我が家のうちの如く看《み》なしたりしとぞ」と評されるように、博学・滑稽の人であった森島中良は、石上敏氏の推定によれば、九歳の明和元年（一七六四）頃に平賀源内の戯作《げさく》の門人になったという。オランダ流の本草学者として中良の父甫三の蘭学サロンに顔を出すようになっていた源内は、そのいっぽうで宝暦十三年（一七六三）には滑稽本『根南志具佐《ねなしぐさ》』と『風流志道軒《ふうりゅうしどうけん》伝《でん》』を出版し、江戸戯作の始まりを告げる戯作者としても活躍し始めていた。中良少年は、父のもとに出入りする蘭学者にして戯作者であった平賀源内の影響を強く受けた。

図12　森島中良（竹杖為軽）肖像（『吾妻曲狂歌文庫』より）

中良は医者としては甫粲《ほさん》あるいは甫斎を名乗り、雅号は桂林斎、戯作者としては森羅万《しんらまん》象《ぞう》・万象亭《まんぞうてい》・天竺《てんじく》老人・築地善交《つきじのぜんこう》など、そして狂歌師としては竹杖為軽《たけつえのすがる》、また源内の戯号を継いで二世風来山人・二世福内鬼外《ふくうちきがい》などとも号した。源内が非業の死を遂げた後には、その遺作を編集して『風来六部集』（安永九年〈一七八〇〉刊）を出版したほか、みずからも洒落本や黄表紙や浄瑠璃に健筆を揮った。代表作としては、洒落本に『真女意題《しんめいだい》』（天明元年〈一七八一〉刊）、『蛇蛻青大通《ぬけがらあおだいつう》』（天明元年刊）、『田舎芝居』（天明七年刊）など、黄表紙に『万象亭戯作濫觴《まんぞうていげさくのはじまり》』（天明四年刊）、『従《それ》夫以来記《からいらいき》』（天明四年刊）、『竹斎老《ちくさいろう》宝《たからの》山吹色《やまぶきいろ》』（寛政六年〈一七九四〉刊）、『中華手本唐人蔵《からでほんとうじんぐら》』（寛政八年刊）などがある。また浄瑠璃作品に、好評を得たため師源内の不興を買ったとされる『目黒比翼塚《めぐろのひよくづか》』（安永八年〈一七七九〉初演）などもある。

　中良が戯作を発表し始めた安永年間の末から天明年間にかけての時期は、江戸狂歌の流行が始まった時期でもあり、戯作者が次々と狂歌に進出した時期でもある。そのような趨勢のなかで、天明二年十一月に出版された『市川贔屓江戸花海老《えどのはなえび》』の四方赤良《よものあから》の序文に、「森羅万象も竹つゑ為軽の翁と改めて、猶《なお》此道にわけいらんことを思ふ」と記されるように、中良も竹杖為軽という狂号を用いて江戸狂歌壇で活動するようになった。中良はその居住地の関係から鹿都部真顔《しかつべのまがお》の率いる数寄屋《すきや》連に属し、天明三年の宝合の会で世話役を務めたことは、第二章「江戸狂歌サロンの実像」で述べたところである。

蘭学随筆『紅毛雑話』

もちろん、中良は戯作や狂歌にただ我を忘れて遊んでいたわけではない。桂川家の末裔《まつえい》今泉みね氏の『名ごりの夢』には、中良と思しき人物についての、次のような桂川家の言い伝えが記されている。「桂川には代々学者肌の人が主人の弟にありましたさうで、いつのころですか、少し気がへんになるくらい学問にこつて、一生兄のもとで暮らしてゐた人があつたさうですが、汚れた着物をきて平気でゐるばかりでなく、虱《しらみ》がごそごそと背中をはつてゐないと落ちついて本が読めないと云ふ困つたお癖がありましたとか」。中良は学問好きの読書家だったのである。

そうした博学な中良の著した考証随筆が『桂林漫録《けいりんまんろく》』（享和三年〈一八〇三〉刊）であるが、これに先んじて中良は、兄甫周の話や、桂川家の蘭学サロンに集まる蘭学者たちがもたらしたさまざまな話題をまとめて、蘭学随筆とでも称すべき『紅毛雑話』五巻を天明七年（一七八七）に出版した。そのことを、兄甫周は序文において次のように記している。

家弟中良、紅毛雑話を著す。その記載する所、率《おおむ》ね皆な吾が党の口にする所にして、これを蘭客に得、これを象胥《ぞうしょ》（通詞の意）に諮《はか》る。而《しか》して居恒《つね》に群萃《ぐんすい》する所、相話説するはその蔵する所に及び、これを西器に観《み》、これを蘭籍に稽《かんが》ふ。而して間《ま》ま製造して以て自ら翫《もてあそ》ぶ所の者を燕《たのし》みて、毫《ごう》も濫妄《らんもう》無し（原漢文）。

ちなみに、『紅毛雑話』に話題を提供した桂川サロンの蘭学者としては、大槻玄沢《おおつきげんたく》・林《はやし》子平《しへい》・中川淳庵・楢林《ならばやし》重兵衛・楢林久三郎・朽木《くつき》竜橋・宇田川玄随・後藤梨春などの名前が、『紅毛雑話』のなかに見えている。

『紅毛雑話』の内容は、杉本つとむ氏が『紅毛雑話・蘭説弁惑』（『生活の古典双書』）の解説に記すように、世界地理についての先進的な情報、「貧院」「幼院」「病院」など慈善的な施設に見られるヨーロッパ的博愛主義《ヒューマニズム》に対する関心、「顕微鏡」の項目などに記されるヨーロッパの科学精神・実証精神の具体的な紹介など、なかなか多彩で、ヨーロッパの文物を描いた多くの挿絵とともに、蘭学というものを一般の人々に紹介する、興味深い啓蒙的な随筆になっている。

蘭学と戯作

戯作者でもあった中良は自らの戯作にも蘭学で得た知識を活用した。たとえば中良には、『竹斎老宝山吹色』（寛政六年刊）と『中華手本唐人蔵《からでほんとうじんぐら》』（寛政八年刊）という黄表紙の二作がある。前者の『竹斎老宝山吹色』は、藪《やぶ》医師竹斎が滑稽な治療をするといういわゆる竹斎ものの趣向をとった作であるが、この作品において竹斎は駒形の眼鏡屋へ遠眼鏡を注文して、「上焦の病は口からのぞき、中焦の病は臍《へそ》からのぞき、下焦の病は尻の穴からのぞき見るに、あり〳〵見へすくゆへ、どうめへた、こうめへたとへちまな思案をするに及ばず、たちまち療治手段がつき、薬のきゝめ抜群なるゆへ、見通し医者と名代を取」というように、現代の内視鏡と同じような治療をおこない、また「引き風邪の病人はオランダのヱレキテルから思ひつき、屁礼支出留《へれきてる》といふふいごをこしらへ、尻の穴へ管をはめて、さつ〳〵とふいごをさせば、引た風邪は口へぬけてしまふ」という、『紅毛雑話』でも絵入りで説明されるエレキテルを用いた治療をしている。

ちなみに、内視鏡の起源は古代ギリシア・ローマにまで遡るらしいが、近代的な医療器具としては、ボチニという人が一八〇五年に製作して、尿道や直腸や咽頭などを検査した導光器というものに始まるという。中良のこの黄表紙における発想は、必ずしも荒唐無稽なものではなかったのである。

また後者の黄表紙『中華手本唐人蔵』は、忠臣蔵のパロディものであるが、ロバ・葡萄酒・カップリ（オランダ渡りの小刀）、ルウフル（拡声器）、和蘭遠眼鏡・飛行船・万国図・エレキテルなど蘭学関係の文物が作中に取り込まれている。これらの中ではルウフル・飛行船・エレキテルは『紅毛雑話』でも独立した項目として解説されているものであった。

新しいもの、珍しいもの好きの戯作者のなかには、中良の『紅毛雑話』の内容に興味を抱いた者も少なくなかった。たとえば、洒落本のあり方について、中良が自作の洒落本

図13　「ダラーカ之図」（『紅毛雑話』〈東京都立中央図書館加賀文庫所蔵〉より）

『田舎芝居』の序文において、その穿《うが》ちすぎを批判したとされる山東京伝《さんとうきょうでん》も、自作の合巻に『紅毛雑話』の挿図を利用したことが、鈴木重三氏の「京伝と絵画」（『絵本と浮世絵』）に指摘されている。

京伝は文化五年（一八〇八）刊の合巻『松梅竹取　談《まつうめたけとりものがたり》』で、悪法師の妖術による幻覚として、巨大な蚊・蚤《のみ》・虱《しらみ》・ボウフラが出現する場面に、『紅毛雑話』巻三「顕微鏡」におけるそれらの虫の拡大図を利用しているほか、文化六年刊の合巻『風流伽三味線《ふうりゅうとぎじゃみせん》』の口絵に描く大トカゲ「陀羅阿迦図説《だらあかのずせつ》」の図には、『紅毛雑話』巻一の「ダラーカ之図」を転用し、同じ文化六年刊の合巻『累井筒紅葉打鋪《かさねいづつもみじのうちしき》』には、『紅毛雑話』巻四の「カイマン」というワニの図を借用している。

幕府奥医師桂川甫周の弟森島中良は、桂川の蘭学サロンで得た最先端の蘭学情報を編集して、啓蒙的な蘭学随筆『紅毛雑話』を出版するとともに、戯作者としては自作に蘭学情報の一端を盛り込んで、世間一般の人々の蘭学への関心を喚起した。中良は、桂川サロンのスポークスマンとしての役割を果たしたのである。

おらんだ正月

『紅毛雑話』巻一には「阿蘭陀《オランダ》の正月」という項目があり、次のような解説が記されている。オランダでは冬至から十二日めの日をもって正月とするが、その日に長崎の出島では、オランダ人が訳官《つうじ》を招いて華美を尽くした酒宴を設ける。長崎に遊学したことのある大槻玄沢の話によると、その日出島のオランダ人は、棕櫚縄《しゅろなわ》に布きれを巻いたものを持って、カピタンはじめ銘々を打って回るという。

芝蘭堂の新元会

日本において出島以外の地でこの「おらんだ正月」を祝った初めは、寛政六年（一七九四）閏十一月十一日すなわち太陽暦の一七九五年一月一日のことであった。「おらんだ正月」は正式には新元会といい、江戸の京橋にあった大槻玄沢の家塾芝蘭堂《しらんどう》で開かれた。

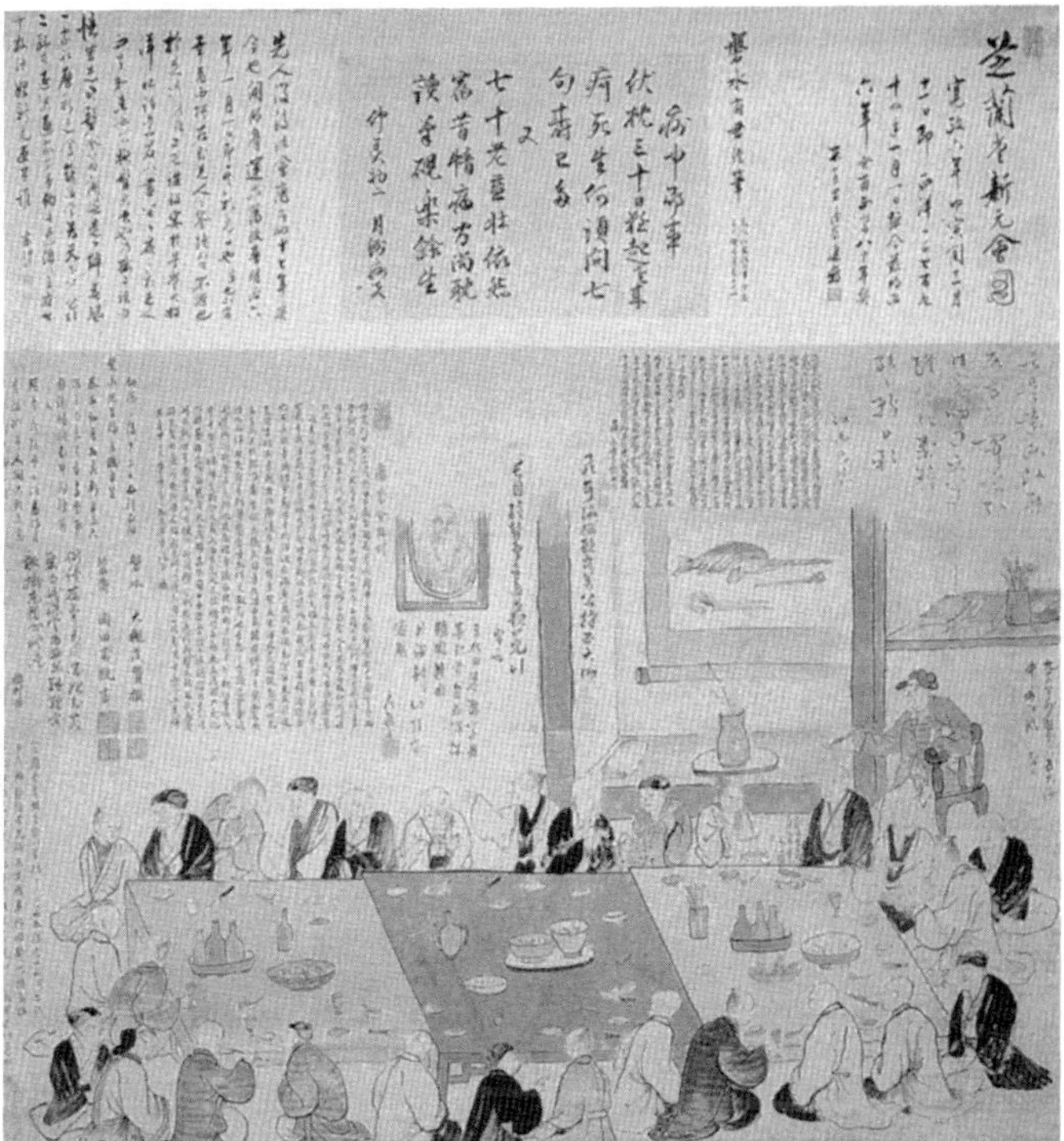

図14　「芝蘭堂新元会図」（おらんだ正月，
早稲田大学図書館所蔵，重要文化財）

『紅毛雑話』によれば、玄沢は長崎出島の「おらんだ正月」の様子を中良に伝えた人物である。これ以後毎年「おらんだ正月」が祝われ、玄沢の嗣子大槻玄幹《げんかん》の没する天保八年（一八三七）まで、四四回の「おらんだ正月」が行われたという。

このような「おらんだ正月」の様子を描くのが、「芝蘭堂新元会図」と題された一図である。この図は玄沢の門人市川岳山の描いたもので、早稲田大学図書館に所蔵されている。ふつうの大きさの卓子を三つ繋げて大きな一テーブルにした上に、ワインらしい壜《びん》と簡単な料理が置かれ、総勢二九名の人々がその回りを囲んで坐っている。坊主頭が多いのは、蘭学者の多くは医者だったからであろう。当時の幕府や藩に仕える医者は通常法体をしていた。

床の間には当時蘭学者の間で話題になったウニコウルの図が掛けられ、壁には西洋医学の祖であるヒポクラテスの肖像画が掲げられている。描かれている人物が誰かという特定は難しいが、床の間の前に坐って紙に横文字を書いているのは大黒屋光太夫、その横に坐る黒羽織の坊主頭の人物は万蔵という署名があることから森島中良、長煙管《ながきせる》を手に持ちただひとり椅子に坐る洋服姿の人物は、蘭癖《らんぺき》大名の一人であった前薩摩《さつま》藩主島津《しまづ》重豪《しげひで》であろうと推測する説もある。

図14の余白には何篇かの漢詩・漢文が題されているが、その中に大槻玄沢の撰した「蘭学会盟引」という、「おらんだ正月」開催の趣意書のような漢文も見られる。この文章の冒頭には「惟《こ》れ寛政甲寅十一月癸丑（二十九日）に日は南至す。越若来閏月甲子（十一日）、群賢と芝蘭堂に会す。西学翻訳の盟を尋《つ》ぐとなり。何為《なんす》れぞ是の日を用ふる。乃《すなわ》ち大西洋千七百九十四年（正しくは千七百九十五年）正月上日なればなり。何ぞその上日を用ふる。今その書を読み、その業を肄《なら》ふこと、その穀旦《こくたん》（吉日の意）に於いてする者は、斯《こ》の業の大成を祝すればなり」（原漢文）と記されている。蘭学の大成を願って、蘭書翻訳の社友が集まり、西洋暦の元日を祝うことにしたというのである。江戸の蘭学サロンの新年祝賀パーティであった。

蘭学者の相撲見立番付

祝いの席には余興や引出物はつきものである。「おらんだ正月」の当日に余興として案出されたものか、あるいは前もって作られていて当日引出物として配られたものかどうかはわからないが、二種類の番付が伝存している。一つは寛政八年の三丁ものの「蘭学者芝居見立番付」、もう一つは寛政十年に作られた一枚ものの「蘭学者相撲見立番付」である。ともに元のものは板行《はんこう》されたのではないかと思われるが、どちらもその写しが、津山藩主松平確堂旧蔵の貼込帖『芸界余波《げいかいよは》』（早稲田大学図書館蔵）に貼り込まれて残っている。

まず「蘭学者相撲見立番付」の方から解説すると、形式は当時一枚刷りで板行されていた相撲番付のパロディで、中央の柱部分の上部に「蒙御余沢」と大書し、その下に「皇朝寛政戊午歳十一月廿六日大西洋壱千七百九十有八年『ニューウヱヤールダク』嘉宴於檞蔭芝蘭堂社中蘭学花相撲取合興行仕候《つかまつり》」という興行内容と興行日時を記す文章が置かれ、更にその下に「行司」「年寄」「勧進元差添《かんじんもとさしそえ》」の欄が設けられている。左右の欄は東方と西方に分かれ、蘭学者名が大関・関脇・小結・前頭の順に並べられている。

行司には福知山侯（朽木《くつき》竜橋《りゅうきょう》）・桑名侯（松平忠和）・桂川甫斎など一〇名が列挙されており、なぜか桂川甫斎の名前は○で囲まれている。年寄に掲げられているのは前野良沢と杉田玄白、勧進元差添は大槻玄沢と桂川甫周である。東方の蘭学者は大関に宇田川玄真《げんしん》、関脇に稲村三伯《いなむらさんぱく》、小結に石川玄徳《いしかわげんとく》、以下前頭が並び、西方は大関に石井庄助、関脇に山村才助、小結に橋本宗吉、以下前頭が並んでいる。他に東方の張り出しとして芸州の蘭方医《らんぽうい》星野良悦《ほしのりょうえつ》、西方の張り出しとして長崎の通詞楢林《ならばやし》重兵衛《じゅうべえ》の名前があり、合計で八〇名の蘭学者の名前が記載されている。

年寄役の良沢と玄白は蘭学界の大御所、勧進元差添の玄沢は当時の江戸蘭学界の中心人物であったことによっている。甫周はその顧問格という位置によってここに配されているのであろう。ほかに注目されるのは、まず東の前頭十枚目に山片平右衛門という名前が見られることである。この人は山片蟠桃《やまがたばんとう》が番頭として仕えた大坂の豪商升屋の三代目の当主である。また、西の前頭六枚目には司馬江漢の名前があり、同じく西の前頭二十六枚目には、第一章「商都大坂の漢詩サロン」で取り上げた大坂の博物学者木村蒹葭堂《きむらけんかどう》こと木村多吉郎の名前も見えている。さらに、東の前頭八枚目に備中松山世子、西の前頭七枚目に峰山世子、同じく二十二枚目に豊前中津侯（奥平昌高《まさたか》）とあるが、こうした大名や大名の世子が医師や町人などと区別されることなく、下位にランクされているところに、蘭学界の身分にとらわれることのない自由な雰囲気が表れている。ちなみに甫周の養子で、のちに桂川家の五代目を嗣ぐ甫謙《ほけん》も西の前頭十二枚目に置かれている。

蘭学者の芝居見立番付

「蘭学者相撲見立番付」より二年前に作られた「蘭学者芝居見立番付」の方は、江戸の芝居で板行・発売されていた三丁ものの紋番付《もんばんづけ》のパロディである。パロディとしては「蘭学者相撲見立番付」より複雑で、「見立て」や「うがち」という戯作の技法が駆使されており、この「蘭学者芝居見立番付」には当時の蘭学界の情報がふんだんに盛り込まれている。岡村千曳氏の解読（『紅毛文化史話』）に

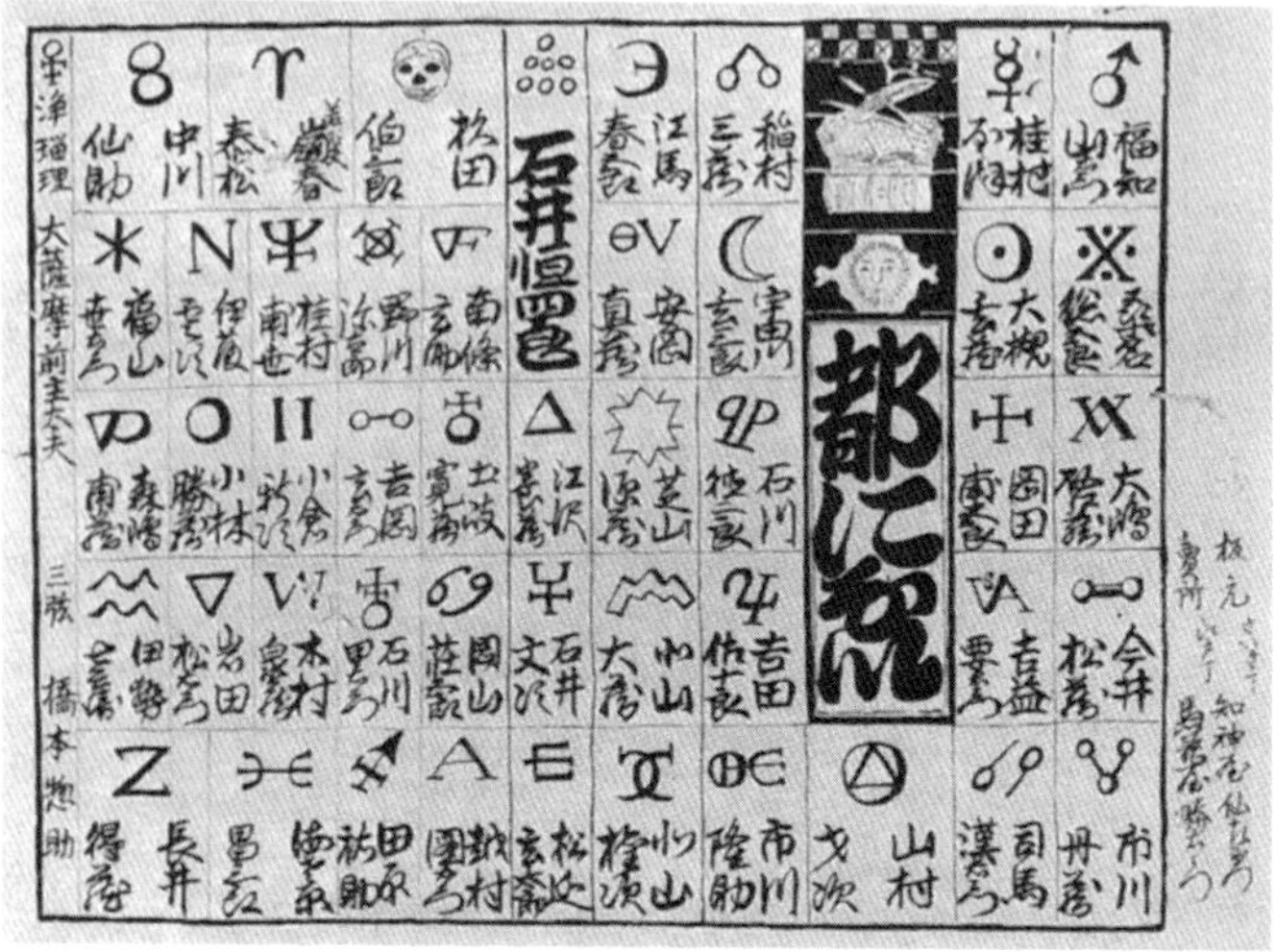

図15　「蘭学者芝居見立番付」（1）（早稲田大学図書館所蔵）

拠りながら、紹介を試みよう。まず一丁めには半折にすると表側中央になる部分に江戸堺町の都座の座元都伝内《みやこでんない》をもじった「都にない」の文字を大書し、縦を五列、横を九〜一一段に区切ってそれぞれの枠内に役者名めかした蘭学者名とその紋所が記されている。岡村氏によれば、紋番付の位付けから見て、座頭は大槻玄蔵（玄沢）、二枚目は宇田川玄三郎（玄真）、立女形は桂川ほしほ（甫周）、女形二枚目は稲村三蔵（三伯）になる。それぞれの紋所は、蘭学に関係深い西洋の七曜や化学記号などが当てられているが、玄蔵は「七曜の日」、玄三郎は「七曜の月」、ほしほは「七曜の水」、三蔵は「磁

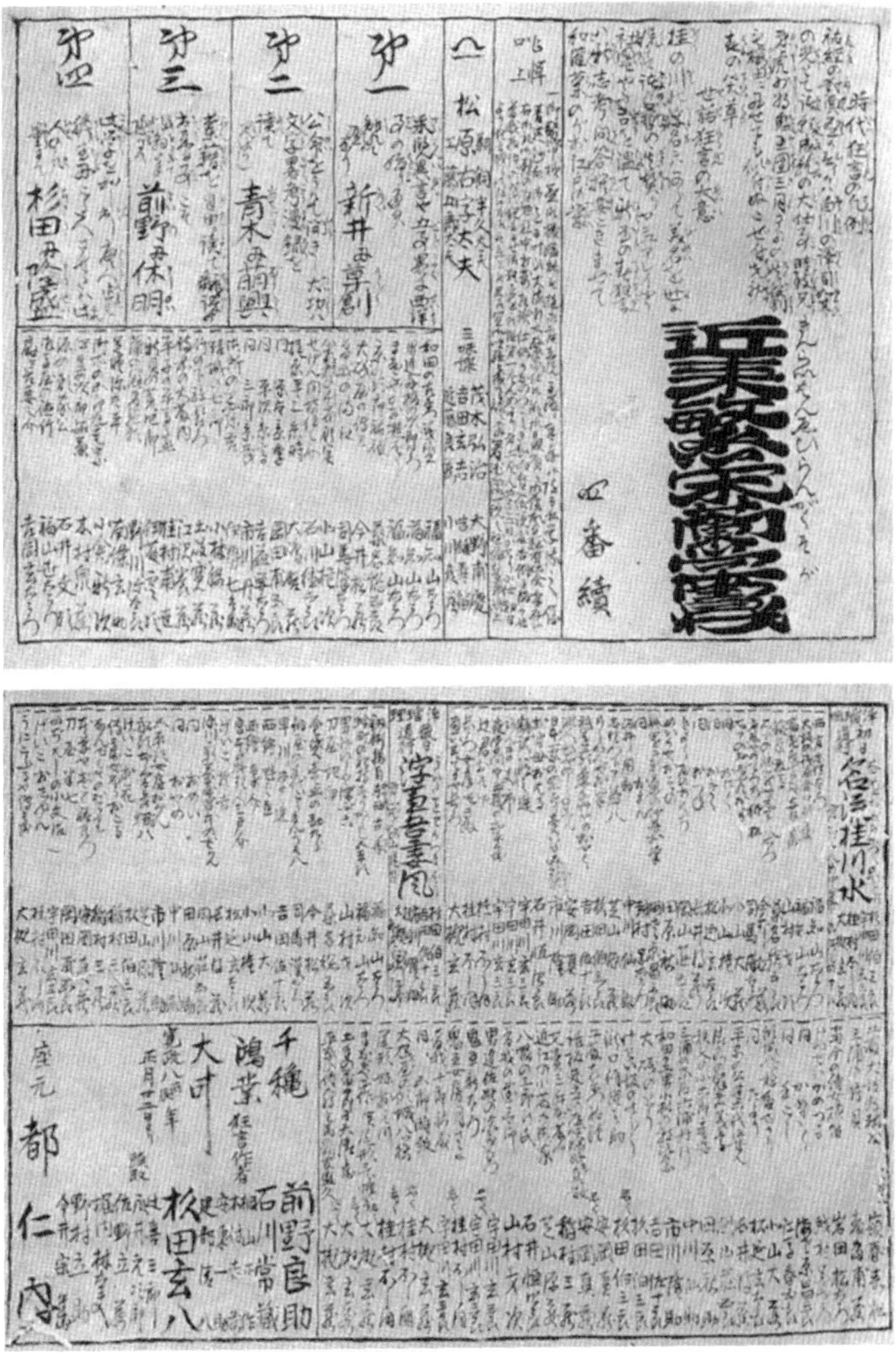

図16　「蘭学者芝居見立番付」（2）（早稲田大学図書館所蔵）

石」の紋になっている。

二丁めと三丁めは、寛政八年の都座の初春狂言「振分髪青柳曾我《ふりわけがみあおやぎそが》」のパロディになっていて、「近来繁栄蘭学曾我《きんらいはんえいらんがくそが》　四番続」と大名題《おおなだい》が掲げられ、「四番続」として次のような四つの文章が置かれている。「第一、采覧異言《さいらんいげん》や五事略に西洋事の始りたるは、知れて有なり、新井に草創」。「第二、公命を受けて開きし大功は、文字略考、漫録を読て見よかし、青木に萌興《ほうこう》」。「第三、蘭籍を自由に読で翻訳の出来る事こそ、此翁《この》の手際にて、前野に休《きゅう》明《めい》」。「第四、此学をおし出し、唐人迄も胆玉にこたへさせたは、此人の気量にて、杉田に隆盛」。新井白石《あらいはくせき》・青木昆陽《あおきこんよう》・前野良沢・杉田玄白という、いわば蘭学四大人を列挙して、蘭学史を総括した文章である。これが当時の蘭学者たちが認識していた公約数的な蘭学発達史であった。

三丁めには、初日の道行の浄瑠璃名題《なだい》「名流　桂川水《なをながすかつらのかわみず》」、後日の道行の浄瑠璃名題「浮事吾妻風《ういたことわがつまふう》」が掲げられている。そして、二丁めから三丁めにかけて、これら「近来繁《きんらいはん》栄蘭学曾我《えいらんがくそが》」「名流桂川水」「浮事吾妻風」という三つの名題ごとに、それぞれの配役が細字で列記されている。

蘭学者各人にどのような役を配するかは、この番付作成者の腕の見せ所で、そこには個々の蘭学者をめぐるさまざまな裏面情報が寓意されているようだ。岡村氏の論考はその点を微細に解読して興味深いが、全体を紹介するのはあまりにも膨大になる。ここには福知山藩の藩主朽木昌綱（竜橋）と司馬江漢の二例のみ紹介しておこう。

福知山侯朽木竜橋は福知山右衛門という役者名になっているが、「近来繁栄蘭学曾我」では和田義盛・男達《おとこだて》船橋の次郎右衛門・まなごやのお熊ばゝア、「名流桂川水」では西方志理右衛門・銭屋合口弥兵衛、「浮事吾妻風」では剣術指南東西古善・蛤《はまぐり》町の船持すりからし五平次、以上の七役が当てられている。これらは本興行では七世片岡仁左衛門の役どころであるという。このうち、まなごやのお熊ばゝアの役は、大槻玄沢の配役「まなごや清作」とは親子の役であるが、これは朽木竜橋が玄沢を庇護し、玄沢の長崎留学を援助したことを暗示しているのだという。また西方志理右衛門は、竜橋が『泰西輿地図説《たいせいよちずせつ》』（寛政六年刊）を著して西洋地理知識が豊富なこと、銭屋合口弥兵衛と東西古善の二役は、竜橋が東西古銭の蒐集家として有名で『西洋銭譜《せいようせんぷ》』（天明七年刊）などの著書のあること、船橋の次郎右衛門と船持すりからし五平次の二役は、福知山藩の江戸中屋敷が霊岸島《れいがんじま》にあったこと、すなわち水辺に近いことを「船」で匂わせたものであろうと、岡村氏は推測している。

もう一例の司馬江漢《しばこうかん》は司馬漢右衛門という役者名になっているが、「近来繁栄蘭学曾我」では曾我の満江《まんこう》、「名流桂川水」では唐えやのでっち猿松、「浮事吾妻風」では銅屋の手代こうまんうそ八、以上の三役が当てられている。唐えやのでっち猿松は、江漢が猿まねで洋画を描いたことを指しており、銅屋の手代こうまんうそ八は、江漢が銅版画の創製者として高慢な自家宣伝に努めたことを諷したものであると、岡村氏は指摘している。江漢は江戸の蘭学者仲間ではあまり評判がよくなかったことが、江漢に配した役名からも窺えるのである。

蘭学者番付の作成者

このような見立番付を誰が作ったのか。蘭学界の人間関係や諸事情に詳しい位置に在り、芝居によく通じ、「見立て」や「うがち」といった戯作の技法を能くするということが、制作者の条件になろう。この種の見立番付は単独で考えるよりも、仲間内で相談して楽しみながら作るということが多いであろうから、この場合も複数の人間が相談しながら考えたということかもしれないが、上記の三条件を満たす人物を江戸の蘭学界の中から捜し出すとすれば、森島中良を措いては考えられないというのが、岡村氏はじめ諸家の意見である。おそらくは中良を中心に、大槻玄沢や兄の甫周など桂川の蘭学サロンに集う蘭学者たちが集って、あれこれと談笑のうちに作り上げたものだったのではあるまいか。

ちなみに、「蘭学者芝居見立番付」では、森島中良を指す森島甫蔵は「三浦の片貝」という端役を勤めるのみであるということや、「蘭学者相撲見立番付」の方では、行司の一人として中良は桂川甫斎として名前が掲げられているが、甫斎の名前だけが○で囲まれているというのも、中良が番付作成の中心にいたことを暗に示すものであるように思われる。

桂川サロンの貢献

寛政八年の「蘭学者芝居見立番付」には総計七三名、二年後の寛政十年の「蘭学者相撲見立番付」には総計八〇名の蘭学者が掲載されている。このうち「蘭学者芝居見立番付」のみの記載が二四名、「蘭学者相撲見立番付」のみの記載が三一名なので、両番付に共通するのは四九名、両番付に記載される人物を合わせた数は一〇四名ということになる。

「蘭学者相撲見立番付」には出身地の記載もあり、岡村氏によれば、これを地方に大別すると、東北一四名、関東六名、江戸一四名、中部一一名、近畿一〇名、中国一三名、四国一名、九州八名、不明三名になる。もっともこれは出身地を示すものであって、その多くは江戸で蘭学を学んだか、出身地を離れて江戸に居住している人物である。地方在住であっても、ここに記載されているのは、たとえば木村蒹葭堂のように江戸の蘭学者と関係の深かった人物であろうと思われる。つまり、あくまでも江戸中心の蘭学者番付であって、必ずしも全国を網羅したものではない。例えば長崎を含む九州地区が八名というのはいかにも少なく、実態を忠実に反映しているとは思えない。おそらく全国各地には、この番付に載らないような蘭学者も数多くいたであろう。

しかし、江戸を中心にして、これだけの蘭学者の名前が見られるということは、『ターヘル・アナトミア』の翻訳着手から二七年、蘭学研究の広がりにめざましいものがあったことを示している。蘭学の創成・発展期において、その背後に幕府奥医師をつとめる桂川家を中心にした江戸の蘭学サロンの存在があり、陰に陽にそのサロンの果たした役割には大きなものがあったであろうことは、こうした蘭学者番付の存在からも窺うことができるのである。

奇物奇談の考証サロン

随筆と考証

随筆の時代

江戸時代後期は随筆の時代だったというと、多くの方は奇異な思いを抱かれることであろう。日本文学史における随筆の代表とされるのは、平安時代に書かれた清少納言《せいしょうなごん》の『枕草子《まくらのそうし》』であり、鎌倉時代末期に書かれたと推定される兼好法師《けんこうほうし》の『徒然草《つれづれぐさ》』というのが、常識的な理解だからである。『枕草子』や『徒然草』に匹敵するような作品があるとも思えない江戸時代後期が、どうして随筆の時代などと言えるのかという疑問である。

この疑問は、「随筆」という言葉の意味するところの違いから生じている。『枕草子』や『徒然草』を随筆という場合の「随筆」とは、西欧の「エッセイ」の訳語としての意味で用いられている「随筆」である。すなわち、日常生活での見聞や経験などを、感慨を交えながら自由に書き綴っていく文学的な作品、という意味での「随筆」である。

しかし、もともと漢語としての「随筆」の意味は、そうではなかった。宋の洪邁《こうまい》の『容斎随筆』に、「意の之《ゆ》く所、随ひて即ち記録す。その後先に因りて、復《ま》た詮次《せんじ》無し。故にこれを目して随筆と曰《い》ふ」とあるように、さまざまな事柄や寓目《ぐうもく》した書物や記録の中から、関心の赴くままに記事を拾い出して書き留め、気が向けばそれに考証や感想を付け加えたような著作を、総括的に指し示す言葉が「随筆」であった。それは個人的な感慨や感興が主題的に表現される、今日的な意味での文学作品としての随筆ではなく、客観的な事実への関心が動機となって成立する、より乾いた著述だといってよい。江戸時代後期を随筆の時代だったという場合の「随筆」は、このような漢語本来の意味での「随筆」である。

江戸時代後期にどれほどの数の随筆が生まれたのか。どこまでを随筆と認定するかという範囲のあいまいさと、あまりにもその数が多いという理由から、実はよくわからない。ただ、活字本になっているだけでも、『日本随筆大成』(一期・二期・三期・続・別巻あわせて百余冊)、『燕石十種《えんせきじっしゅ》』(正・続・新あわせて一七冊)、『未刊随筆百種』(一二冊)、『鼠璞《そはく》十種』(三冊)、『随筆百花苑』(一五冊)などというあまたの随筆の叢書に数多く集録されているもののほか、単独で活字化されているものも少なくなく、また『日本随筆集成』（一二冊）のように百五〇種の随筆を影印で集録したものもあるが、おそらくはそれらの何倍もの、活字化も影印化もされていない江戸時代後期の随筆が存在している。朝倉治彦編の『日本随筆辞典』には約二四〇〇の随筆が採録されている。その大部分は江戸時代後期のものであるが、もちろん氷山の一角にすぎない。江戸時代後期は「随筆」の時代だったのである。

たとえば、大田南畝《おおたなんぽ》が五〇年近く書き留め続けた『一話一言《いちわいちげん》』五六巻、平戸藩主松浦静山が隠居後二〇年をかけて書き継いだ『甲子夜話《かっしやわ》』二七八巻、京都町奉行所与力《よりき》だった神沢杜口《かんざわとこう》の残した『翁草《おきなぐさ》』二〇〇巻などは、江戸時代後期の大部な随筆の代表であるが、それらには、その人の好奇心のあり方にしたがって、直接的な見聞によるものはもちろん、人からの伝聞によるもの、書物や記録を介してのものなど、さまざまな情報がアトランダムに書き留められている。そのような「随筆」著述を支えていたのは、おそらくどんな些細な情報の背後にも世界の意味が隠されているという、「随筆」著述者の確信ではなかったかと思う。彼らは好奇心の赴くまま日々倦《う》むことなく情報を集積することによって、自分たちを取り囲む世界の在りよう、そしてその意味を明らかにしたいと思っていたのではあるまいか。

考証の流行

江戸時代において世界の意味を説き示してくれる学問といえば、まずは儒《じゅ》学《がく》だった。もちろん儒学といっても、その方法や目指すところは単一ではなく、江戸時代を通じて諸学派の流行や消長はあった。しかし、江戸時代中期の享保年間（一七一六〜三六）以後には、朱子《しゅし》学を初めとして陽明《ようめい》学、古義学、古文辞学などの諸学派が出揃った。こうした諸学派の分立期を迎えて、諸学派の優劣を判断するためにまず要請されたのは、儒学テキストの精読ということであった。その結果として、後世の注釈に拠るのではなく、儒学のテキストを、その成立した時代により近い時代の訓詁《くんこ》注釈に立ち返って精読することによって、儒教の正道を得ようとする、細井平洲《ほそいへいしゅう》や皆川淇園《みながわきえん》や冢田大《つかたたい》峰《ほう》などの古注学派が十八世紀後半になると登場した。

しかし、古注が常に正しく、新注が常に誤っているわけではない。そこで、自己の合理的な判断に基づき、「大抵は訓詁を漢註唐疏に取舎《しゅしゃ》し、大義を朱王伊物（朱子学・陽明学・古義学・古文辞学のこと）の間に折衷し、而《しか》してその持論とする所、孔周の道を闡発《せんぱつ》す」（「金峨井先生墓碑銘幷序」）という、井上金峨《いのうえきんが》に始まる折衷学派が生まれた。金峨が所論を「折衷」という言葉で表す『経義折衷《けいぎせっちゅう》』を出版したのは、明和元年（一七六四）のことである。

そして、この折衷学が、「孔周の道」の実践を目指す経世の学の系統と、儒学の経典の校勘・考証を本領とする考証の学の系統へ分かれていくというのが、江戸時代後期の儒学界の趨勢であった。儒学のテキストを実証主義的に研究しようとする考証学（考拠学）は、本家の清朝でも十八世紀になると盛んになり、戴震《たいしん》や段玉裁《だんぎょくさい》などが文字や音韻や訓詁の学すなわち小学を基礎にしてめざましい成果を挙げ、それらは日本の考証学者にも影響を与えた。日本の考証学の祖とされるのは吉田篁墩《よしだこうとん》であるが、寛政異学の禁以後はいっそう広がりを見せ、猪飼敬所《いかいけいしょ》・大田錦城《おおたきんじょう》・狩谷棭斎《かりやえきさい》・松崎慊堂《まつざきこうどう》などが活躍した。

考証随筆の始まり

儒学は江戸時代の学問の基礎学であった。したがって儒学の方法論は、他の学芸の領域にも影響を及ぼした。随筆の領域もその例に漏れず、考証学の影響を大きく受けることになった。

大田南畝は『一話一言』を始めとして、『街談録』や『麓の塵』など何種類もの大部な随筆を長期にわたり平行して書き続けたことで知られるが、その南畝が生前出版した唯一の随筆が『南畝莠言《なんぽゆうげん》』（文化十四年〈一八一七〉刊）である。『南畝莠言』は『一話一言』を中心にその他の随筆の中から、考証的な記事を抜き出し、整理・配列した全一二三項目からなる考証随筆である。文政八年（一八二五）刊の『仮名世説《かなせせつ》』に付載される「杏花園蜀山先生著述目録」の「南畝莠言」の説明文に、「此書は先生数年の随筆より抄出して、すべて和漢の書籍を本拠とし、古今の事実を参考し、実に千古の考拠となすべきものなり」と記されるように、文化文政期に流行する「考証随筆類の権輿《けんよ》」（『大田南畝全集』第十巻中野三敏解説）として、後続する考証随筆の範となった。

『南畝莠言』に取り上げられている事柄は、和・漢・雅・俗に広く及んでいるが、和の現象を考証するのに漢の典拠が用いられ、俗の出来事の考拠として古典的な雅の書物が引用されている。漢学を熱心に学び、漢詩文作者としても勝れた能力を持っていた南畝であったから、もちろん清朝の考証学からの影響はあるが、同時に和歌を学び日本の古典籍にも広く興味を持っていた南畝は、十八世紀の後半になって急激にその実を具《そな》えてきた国学の成果も、考証随筆のなかに積極的に取り入れている。

戯作者の考証随筆

寛政の改革以前の安永・天明期に洒落本《しゃれぼん》や黄表紙《きびょうし》を執筆して戯作《げさく》界でも活躍した大田南畝は、寛政の改革以後戯作界からは遠ざかったが、江戸文壇の大御所として、その影響力は戯作界にも及んでいた。山東京伝《さんとうきょうでん》は洒落本も黄表紙も得意とした江戸戯作の代表的な作者であったが、江戸戯作界のスターとして

図17　山東京伝肖像（『戯作者考拾遺』より）

の京伝の出発点は、南畝が黄表紙評判記『岡目八目《おかめはちもく》』（天明二年〈一七八二〉刊）において、京伝自画作の黄表紙『御存《ごぞんじの》商売物《しょうばいもの》』をこの年の最高傑作として推称したことにあったとされている。

しかし、京伝も寛政三年（一七九一）に洒落本三部作で処罰を受けて以後、戯作者として方向転換を余儀なくされ、しだいに戯作への熱意を失う代わりに、考証随筆へ精力を傾けるようになった。幕臣竹垣柳《たけがきりゅう》塘《とう》宛の享和三年（一八〇三）五月の手紙において、京伝は菱川師宣《ひしかわもろのぶ》の絵巻についての考証を南畝が引用してくれたことに触れて、「菱川御一軸奥書拝見仕候所、杏園先生（南畝のこと）小子考を御書被レ遊《あそばされ》、好古のほまれと大喜奉レ存《ぞんじたてまつり》候」と喜びを記している。京伝が専心したのは主として元禄期前後の風俗に関わる街談巷説《こうせつ》・書物・絵画・演劇などのいわゆる風俗考証であるが、この面でも京伝は南畝から影響を受けていたことがわかる。

京伝の風俗考証の成果は、『近世奇跡考』（文化元年刊）、『骨董集《こっとうしゅう》』（文化十一年・十二年

刊）という二つの考証随筆として出版され、その成果の一部は同時期の京伝の合巻作品の素材として用いられるなど、戯作との相互関係も指摘されているが、晩年の京伝にとって、考証随筆の比重は戯作よりもはるかに大きくなっていた。

まだ若かった頃の国学者黒沢翁満《くろさわおきなまろ》から戯作の弟子入りを相談された京伝が、翁満に返信した文化十一年五月の手紙が残されている。その中で京伝は次のように述懐している。「愚老若年の頃より戯作に志し、あたら月日を空しく過し候事、只今後悔仕候につき奉二申上一《もうしあげたてまつり》候。若年の頃より実学に志し候はゞ、唯今頃は少しは其道をもたどり可レ申《もうすべき》を、戯作にて虚名をむさぼり候事、本意ならず奉レ存候。一家を起し名を成すべきものは和学にて御座候と存候」。翁満が国学を学んでいたことに応じて「和学」という言葉を使っているが、京伝自身に即すれば「和学」は「考証随筆」と置き換えられる言葉である。京伝にとって考証随筆の著述は「実学」であり、「虚名」を貪ることになった戯作よりは、はるかに価値ある仕事だった。京伝が文化十三年に五十六歳で没した時、「京伝は骨董集と討死をしたり」（曲亭馬琴《きょくていばきん》『近世物之本江戸作者部類』）という噂が出たという。京伝の風俗考証にかける意気込みには、命をもすり減らすような凄絶なものがあったのである。

耽奇会と兎園会

情報交換のサロン

山東京伝《さんとうきょうでん》にとって考証随筆は、「物を秘篋《ひきょう》に索《もとめ》、事を珍書に探《さぐり》、旧蹟にいたり、古墳をたづね、ふかく思《おもい》を致して、其実《そのじつ》を得《うる》ことあれば、やがてかきつけたる」(『近世奇跡考』凡例)というように手数のかかる作業であり、「たとひ片言隻辞《せきじ》といへども、たゞしき拠《よりどころ》を得ざればいはず」(同)というように、厳密な実証性が求められるものであった。それだけに、『近世奇跡考』や『骨董集《こっとうしゅう》』において、京伝は資料や情報提供者の名前をきちんと明記し、考証の案について他人の考えに拠る場合は、その旨をきちんと断っている。考証随筆にとって資料の閲覧や情報の収集は生命線であり、考証のプライオリティは尊重すべき重大事であった。そのために京伝は知人や友人たちから資料を拝借し、有益な情報を得ようとして骨身を削るような努力をした。京伝の場合は、資料の貸借や情報の収集は多く個人的なつながりのなかで行われていたようだが、風俗考証が流行するようになると、そのための情報交換のサロンがおのずから生まれ、定期的な集まりも持たれるようになった。

花月社と雲茶会

幕府の書物奉行だった近藤重蔵（号を正斎）が、文化年間（一八〇四～一八）に日本橋大坂町の書斎擁書城《ようしょじょう》で開いた花月社《かげつしゃ》は、その種のサロンの早い時期のものであろう。この会は古器物展覧《てんがん》を目的とし、毎年二月と八月に開かれたことから花月社と名付けられたという。大田南畝《おおたなんぽ》の『一話一言《いちわいちげん》』巻四十二に、文化九年八月十三日の会の記録が収められているが、それには当日展覧された屋代弘賢《やしろひろかた》（幕府右《ゆう》筆《ひつ》）、市河寛斎《いちかわかんさい》（富山藩儒・漢詩人）、大草公弼《おおくさきみすけ》（幕臣）、市橋長昭《いちはしながあきら》（近江仁正寺藩主）などの所蔵品が書き留められている。

花月社と時期を同じくし、青山堂《せいざんどう》という本屋を営んでいた雁金屋清吉《かりがねやせいきち》が発起人となり、大田南畝に相談して開かれたのが雲茶会《うんちゃかい》である。神田明神前にあった茶店雲茶店《うんちゃみせ》を会場とし、毎月二日を会日として、第一回は文化八年四月二日、第二回は同年五月二日に開かれた。この二回分の記録が、『一話一言』巻四十八（巻四十八では題目だけで内容は脱落、内容は『大田南畝全集』では補遺参考篇1に収録）に収められている。そこに写されている南畝による会の「定《さだめ》」（規約）は、次のような四箇条からなっている。

一　古物は二百年以来

一　品は五種をかぎるべし

一　人は十人をすぐべからず

一　素見物入《すけんぶつ》べからず

近古二〇〇年来の古器物・珍品を持ち寄って風俗考証に役立てようとした、少人数の真面目な会を目ざしていたことが窺われる「定」である。

出品者としては雁金屋清吉と南畝のほかには、佐々木万彦《まひこ》（幕臣・歌人）、中尾老樗庵《ろうちょあん》（古書売買業）、烏亭焉馬《うていえんば》（大工棟梁・戯作者）、量山（雲茶店店主）、紀束《きのつかぬ》（西川清左衛門、商人・狂歌作者）、加藤曳尾庵《えいびあん》（医者）などの名前が見えている。

耽奇会の結成

この雲茶会の後をうけて、より本格的に開かれた奇物・珍籍の会が耽奇《たんき》会《かい》である。耽奇会の第一回が開かれたのは文政七年（一八二四）五月十五日、会場は上野不忍池《しのばずのいけ》畔の淡々亭で、出席者は山崎美成《よししげ》・西原梭江《さこう》・谷文晁《たにぶんちょう》・関思《し》亮《りょう》・戸田梅園の五名だった。

山崎美成は好問堂とも号し、国学系の書誌学者あるいは雑学者とでもいうべき人物で、下谷長者町の薬種《やくしゅ》商長崎屋の子に生まれたが、学問を好んで産を傾けた。小山田与清《ともきよ》や屋代弘賢などに入門して和漢古今の文献を渉猟し、旺盛な著作・出版活動を行った。

西原梭江は筑後《ちくご》柳川《やながわ》藩士で、藩の江戸留守居《るすい》を勤めていた。松蘿館《しょうらかん》とも号し、熱心な出席者であったが、帰藩の命を受けて、文政八年三月十三日の第一二回への出席が最後になった。曲亭馬琴と交遊があり、馬琴がこの会に出席するようになったのは梭江の紹介による。

谷文晁は写山楼とも号した当代きっての画家である。かつて松平定信の命で古器物・古書画の図録集『集古十種《しゅうこじっしゅ》』が編纂された時、文晁はその模写図を描いており、奇物への関心が持続していたのであろう。

関思亮は書家で海棠庵と号した。代々の書家の家に生まれ、西原梭江の娘婿という。

戸田梅園（信濃守）については従来未詳とされてきたが、『寛政重修諸家譜《かんせいちょうしゅうしょかふ》』や『柳営補任《りゅうえいぶにん》』の記事を見合わせると、幕臣の戸田光弘と推定される。戸田光弘は松平信直の息子で、天明元年に十七歳で戸田光邦の養子となって、その遺跡六〇二〇石を嗣ぎ、御持筒《おもちづつ》頭《がしら》、百人組頭、小普請組支配《こぶしんぐみ》などを歴任し、文政年間には大番頭に任ぜられている。途中から欠席するようになり、京都関係の情報を寄せるようになったのは、大番頭として京都に赴任したからであろう。

これら五名の出席で始まった耽奇会の中心にいたのは山崎美成であった。耽奇会の記録は『耽奇漫録』と題してまとめられているが、その第一集の冒頭に美成の筆になる、文政七年五月十五日付けの「耽奇漫録序」という文章が置かれている。現代語訳して紹介しておこう。

古き世ばかりが慕わしいというのは、読書家ならばみなそうである。しかし、はるか昔の世のありさまを、今、目の当たり見ることができるのは、そのはるか昔の物に拠る以外にはない。いっぽう、遠い唐国《からくに》であっても、その国で造られた物を見たならば、その国の風俗というものを知ることができる。けれども、古い物は日々に毀れ、遠いところの物は普通には稀なものであるから、手に入れることはむつかしい。そうであるのに、同好の友があれこれ秘蔵するものも少なくないが、機会がなくて見ないままになっているものも多い。先頃、私は談笑のついでにこんなことを口にした。「各人が所蔵している書画や道具類の珍しいものを、毎月品数を定めて持ち寄って皆で検討し、各自の意見を披露し合うことができれば、どんなに嬉しいことだろう。そうすれば、昔と今の違いや、外国の風俗を知る手段にもなるであろう。これこそ飛耳《ひじ》長目《ちょうもく》の学問というべきである」と。そこで、今年の五月十五日を会日と決めて、不忍池のほとりの淡々亭という茶屋に集まり、会の名を耽奇会と名づけた。そして、持ち寄った品々の図や考説を記録して冊子とし、西原梭江氏がそれに耽奇漫録という名前をつけて、備忘のための書物とした。「書は言を尽さず、言は意を尽さず」とかいうが、私山崎美成が思うに、「百聞は一見にしかず」とは、この会のことをいう諺ではあるまいか。

これ以後、耽奇会は毎月十三日を定例の会日にして、文政八年十一月十三日まで合計二〇回開かれたことが、『耽奇漫録』の記事によって知られる。出席者については出入りがあって、必ずしも一定していたわけではない。細かな出入りについては注記しないが、二回目以降、幕府右筆の国学者屋代弘賢（号を輪池）、荻生徂徠《おぎゅうそらい》の末裔にあたる大和郡山藩儒荻生維則《いそく》（号を蘐園《けんえん》）、幕府御畳方大工棟梁で書や仏学を能《よ》くした中村仏庵、谷文晁の次男の谷文二《ぶんじ》（号を台谷）、曲亭馬琴、飯田町中坂の茶商で二世蜀山人《しょくさんじん》を名乗った亀屋久右衛門（号を文宝堂）、馬琴の息子の滝沢興継《おきつぐ》（号を琴嶺）、本所三つ目通り富山町に住んだ幕臣の桑山修理《しゅり》（号を龍珠館）、兵学家の清水赤城《せきじょう》なども出席した。このほかに馬琴の紹介で京都の角鹿《つのが》清蔵（号を桃窠《とうか》）が客品として出品している。

一回の出席者は五〜九名で、すべてに出席したのは美成と関思亮、屋代弘賢は二回目以降全回に出席している。耽奇会というサロンの運営はどのように行われていたのか、その具体的な様子を窺うことのできる文章がある。山崎美成の記した文政七年十一月十三日の日付のある「耽奇会約」と題された文章で、『耽奇漫録』第十集の末に記されている。長文なので、省略を交えつつ、以下に紹介しておこう

されば過ぎし五月《さつき》より、古しへを好める友垣《ともがき》と、月ごとの円居《まどい》をぞ思ひ起こしける。……此《この》田字亭をこそ長く円居のむしろと定め、午《うま》の初（午前十二時頃）に集ひ、申《さる》の初（午後四時頃）にまかでぬべし。ちかひに遅れて到れるは、時を過して観ることを許さず。その日には茶と果物とのみ、酒と肴をば設くることを戒しむ。かつは書に画に汚《けが》さんことを思へばなり。又《また》世の善し悪し、人のうきふし、物の価、黄金《こがね》の沙汰、及び富と貴きとのごときを、語らふ事をも戒しむべし。されど鄙《ひな》の手ぶりの珍らしきと、世のはやりの新らしきとのごときは此限りにはあらじ。……円居の日を月毎の十まり三日《みか》の日と定めたるは、かねてのごとし。携へ出るもの五種《くさ》なれど、数多きは煩はしく、打見るもおろそかになりぬれば、今より後は、おのれ〳〵が持たるもの、三

種に限り、やむことなきは一と種を増して客品に備ふべし。……さて此日にのぞみて、
公事《くじ》、父母のことはせんすべなし。物見遊びの私ごともて至らざることを許さず。

世相や人の噂、物価や金銭、身分の高下に関わるような話題を禁ずる、世俗を超越した好古・好事《こうず》を追求する円居《サロン》であったが、決してルーズな集まりではなかったことがわかる。時間厳守が求められ、持ち寄りの書画が汚れることを畏れて酒食は禁じられていた。情報交換とシンポジウムを兼ねた、いたって真面目な会だった。そして、『兎園小説《とえんしょうせつ》』に収められている文政八年七月一日付けの美成の文稿に、在京の戸田梅園からの書簡を紹介して、「大坂表の蒹葭堂此程参り候間、耽奇の本為見《みせ》候処、殊の外歓《よろこび》、大坂表へ是非とも持参いたし候趣にて、壱本不残《のこらず》貸遣し候。耽奇会は殊の外浦山敷《うらやましき》様子にて御座候」と記しているように、大坂の二世木村蒹葭堂にも羨ましがられるような会だったのである。

耽奇会はこのように生真面目な会ではあったが、もちろん会の後の楽しみもなかったわけではなく、文政八年九月十三日の第一八回耽奇会の後には、当日の会場が本所の桑山修理邸（龍珠館）だったこともあって、会の終わった後、出席者はうち揃って隅田川に船を浮かべ、後の月見を楽しんだ。『耽奇漫録』と『兎園小説別集』には、舟遊びに同行した屋代弘賢・山崎美成・関克明・関思亮・谷文二・滝沢馬琴・滝沢興継たちの詩歌が記録さ

れている。

馬琴はこの時、「苫舟《とまぶね》のおなじながれにすみだ川こゝろ隈《くま》なき月の夜の友」(『兎園小説別集』)という歌を詠んでいるが、実は耽奇会の会友同士の関係は必ずしも「こゝろ隈《くま》なき」ものではなかった。これより数ヵ月ほど前、耽奇会の出品物をめぐって、美成と馬琴との間に「けんどん争ひ」と呼ばれる論争が惹起していたのである。

けんどん争ひ

ことの発端は、文政八年三月十三日に開かれた第一二回耽奇会に、文宝堂が「大名慳貪《だいみようけんどん》の匣《はこ》」を出品したことにあった。これについて美成が「けんどん名義」という考証の文案を出した。その考証を馬琴が批判し、美成と馬琴の間で次のような経緯で問答が行き交うことになったのである。

「けんどん名義」	美成	文政八年三月十三日
「批考」	馬琴	
「批考問弁」	美成	文政八年四月一日
「弁論約言」	馬琴	
「釈詰」	馬琴	
「勧解」	美成	文政八年四月

「勧解回語」　馬琴

文宝堂の出品した「大名慳貪の匣」というのは「慳貪《けんどん》蕎麦《そば》」を入れて持ち運ぶ箱であるが、美成は「けんどん名義」において、なぜ「大名」というのか、またなぜ「慳貪」というのかという考証を行った。美成の結論は、「大名」については、その箱には初め諸大名の船の絵が描かれていたからで、後にほかの図柄を描くようになっても「大名」の名称が残ったのであろうと記し、「慳貪」については、この蕎麦は「もり切《きり》にてあきなふ故に、そのあつかいのけんどんなり」ということで、こう名づけられたのだと説明した。「慳貪」というのは、物惜しみをする、思いやりがなく乱暴な、という意味である。

　これに対し、馬琴は「大名」の名称は必ずしも大名方の船の絵が描かれていたから

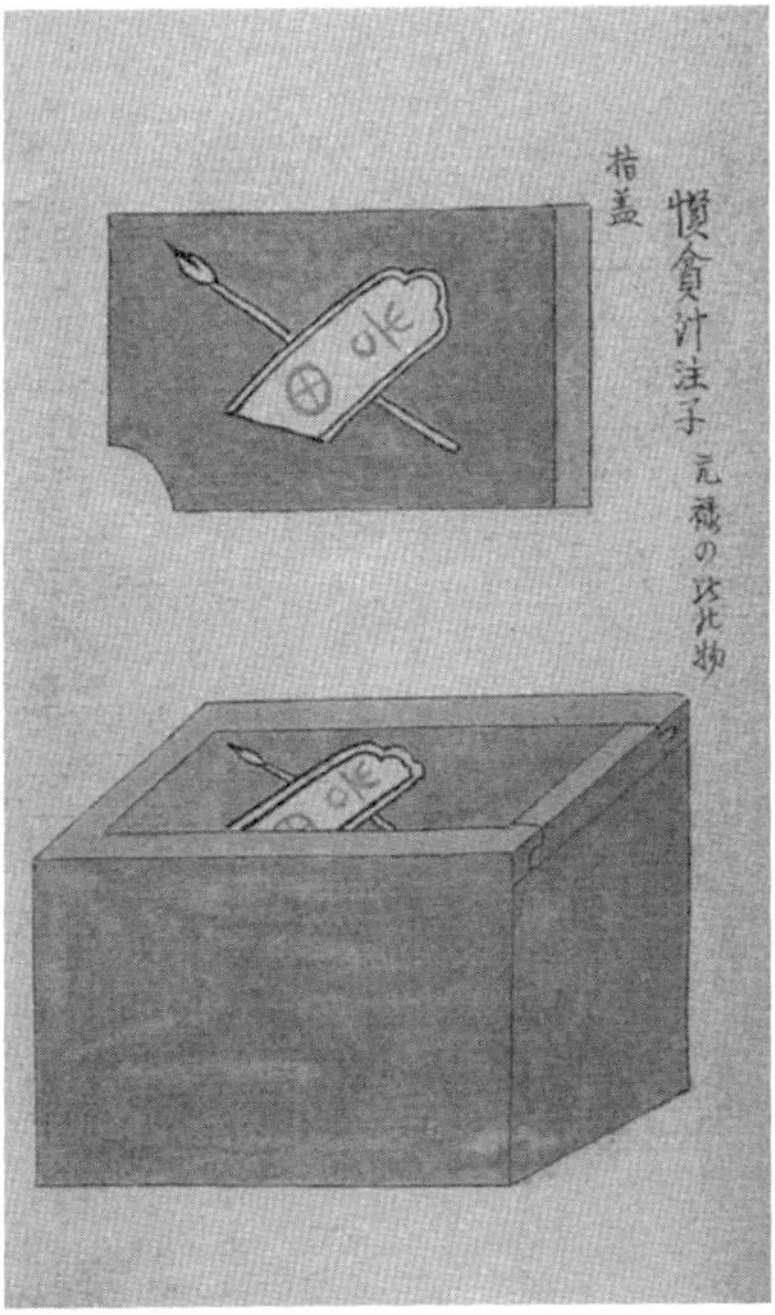

図18　慳貪汁注子（『耽奇漫録』より）

とはいえないし、「けんどん」についても美成の説は「慳貪」という当て漢字の字面に迷わされたもので、「巻飩」や「見頓」という漢字を当てることもあることからすれば、「けんどん」とは「今いふ出まへの事にて、所々へ持出るの義なり」と、美成の説を批判した。

特に論争になったのは「けんどん」の名義で、往復問答において、美成と馬琴はさまざまな証拠を繰り出して自説の正しさを主張しようとした。しかし、この種の論争によくある成り行きとして、結局は水掛け論に終わり、馬琴は「足下《そっか》（対称の尊称、あなた）はなほいつ迄も慳貪の説を持し給へ。予は巻飩をよしとおもへど、名づけはじめし人に遭《あわ》ねば、経験当否は終《つい》に得がたし。あなおぞましの老のくりごとに、えうなき筆を費しぬ」と論争の終結を宣言した。そして、だめ押しをするかのように感情論へと転じ、馬琴は互いの称呼の不均衡について、美成を次のように批判した。「予がけんどんの評記におゐては、足下を称して先醒《せんせい》とす。これ他なし。偏《ひとえ》に足下の説を拙《つたな》しとせざるの意をあかす也。され共足下にはよくおもはずや。予を貶《おと》して子《し》と称せり。其往来回報、今の礼節をもて見れば、さながら師弟の如し。などてみづから尊大なることかくの如くなるや」。自分はあなたのことを「先醒」と尊称で呼んでいるのに、あなたはなぜ親子ほども年の開きのある年長者の私を「子」と貶《おとし》めて呼ぶのかと、馬琴は美成の「尊大」な応対を問い詰めたのである。

これに対し、美成は「子」は決して貶称《へんしょう》ではないと弁解したが、馬琴は納得しなかった。こうした応酬のあった四ヵ月後の呉越同舟の舟遊びである。「こゝろ隈《くま》なき」はずはなかった。

もっとも馬琴の感情論についていえば、馬琴自身かつて入門を乞うたこともある六歳年長の山東京伝のことを、『物之本江戸作者部類』や書簡などでは「京伝子」と呼称に「子」をつけて記している。同じようなことをしていた馬琴に、美成の「尊大」さを批判する資格はないように思われるが、おそらく馬琴が耽奇会に途中参加する以前から、美成と馬琴の間にはお互いを快く思わない感情が存在していたのであろう。それがたまたま「大名けんどん」の考証をめぐって噴出したのである。

ちなみに、さきほど美成の「耽奇会約」という文章を紹介したが、この種の規約的な文章が会の発足時ではなく、第八回の開かれる前日の文政七年十一月十三日に書かれたというのも、不自然といえば不自然である。これが書かれた翌日に耽奇会の第八回が開かれ、馬琴はこの回から西原梭江の紹介で参加している。おそらく美成は馬琴が参加することを知って、急いでこの「耽奇会約」を作成したのではあるまいか。耽奇会の運営を主導するのが自分であることを明示し、自分の運営方針に従うことを馬琴に求めようとして、「耽奇会約」は書かれたのである。美成は馬琴の考証の実力を知っていたが故に、耽奇会の主導権を馬琴に奪われることを警戒した。「けんどん争ひ」の火種は、馬琴が途中参加した時からすでにくすぶり始めていたのである。

兎園会の始まり

馬琴が耽奇会に出席するようになって二ヵ月後の文政八年一月十四日、耽奇会とは別に新たに兎園会《とえんかい》が発足した。奇事・異聞の記録や文稿を持ち寄って、検討・考証しようという会である。奇物・珍籍の会であった耽奇会とは、素材的に相互補完的な会であるといってよい。会の記録として残されたのが『兎園小説』であるが、これによれば第一回が文政八年一月十四日に関思亮の海棠庵で開かれてから、第一二回が同年十二月一日に馬琴の著作堂で開かれるまで、合計一二回が催された。

出席者の出入りはあったが、馬琴・美成のほかに関思亮・屋代弘賢・西原梭江・桑山修理・亀屋文宝堂・荻生維則・清水赤城・滝沢興継という耽奇会メンバーのほか、大郷良則（号を麻布学究、越前鯖江藩士）、中井豊民（号を乾斎）を加えて一二名が出席し、京都の角鹿青李庵（桃窠）と筑後柳川の西原晁樹が紙上参加している。

雑多な奇事や異聞が取り上げられており、とくに一定の傾向が見られるわけではないが、文政八年三月一日に馬琴の著作堂で開かれた第三回の様子を、一例として紹介しておこう。

この回に文稿を披講したのは、馬琴・美成・文宝堂・梭江・弘賢・思亮の六名であるが、初めに記録されているのは馬琴の「五馬・三馬・二馬」と題された文稿である。この馬琴の文稿は、まず馬をめぐる奇談を五話紹介し、続いて文政五年中に式亭三馬《しきていさんば》・烏亭焉馬《うていえんば》・錦馬《きんば》（富本豊前太夫《とみもとぶぜんだゆう》）という、号に馬の字のつく三人の知人が死んだことに触れて、友人から馬琴という号を持つあなたも気をつけなさいと言われたという話を記し、最後に松前藩老侯の馬好きの逸話二話を紹介している。末尾に馬琴みずから「世にいふ下手の長談義なるべし」という言葉を付しているように、「馬」つながりで、気ままに話題を提供したという趣の文稿であるが、しいていえば、馬琴が「五馬」の奇談を紹介した後に、「予が聞く所かくの如し。されば宇宙の広大なる、かゝる事はいくらもあらん」と書きつけているように、馬琴はこのような奇談を蒐集することで、この世界が不思議に満ちていることを実感し、その意味を知ろうと試みたのだと言えるかもしれない。

これに続いて『兎園小説』に収められているのが、美成の「於竹大日如来《おたけだいにちにょらい》縁起の弁」と題する文稿である。江戸大伝馬《おおでんま》町の名主佐久間某に召し使われていた下女お竹は大日如来の化身だったという俗説を、『玉滴隠見《ぎょくてきいんけん》』『温故名跡志』『浅草志』『事跡合考《じせきごうこう》』『新著聞《しんちょもん》集《じゅう》』などの諸書を引用して考証したものである。

美成のものはオーソドックスな考証随筆の文稿といってよいが、注目されるのは、この文稿の末尾に付される、次のような美成の注記である。「此《この》会かねて今日をしも己《おのれ》が宅にと約したるに、上巳《じょうし》の前は事繁《ことしげ》ければとて、節過ぎて後こそ良からめと語り合ひしに、思はずも曲亭子に促され、著作堂に集《つど》ふことになりければ、何をか記さんと枕を割るの思ひなりしが……」。「上巳」は三月三日の節句。つまり当初は三月三日の節句が過ぎてから成美宅で開くことになっていたのに、突然の強引な馬琴の催促で三月一日に馬琴宅で開くことになってしまった。そのために文稿の準備に苦労することになったと恨み言を述べているのである。

先に解説した「けんどん争ひ」が美成と馬琴の間で始まったのは、この同じ三月の十三日に開かれた耽奇会の席上であった。しかし、それに先んじて美成は、馬琴のやり方に対し、穏やかならざる思いを抱くようになっていたのである。

考証サロンの崩壊

耽奇会は文政八年十一月十三日に第二〇回を開いて終了し、兎園会は同年の十二月一日に第一二回を馬琴の著作堂で開いて終了した。『耽奇漫録』第二十集の末尾には、十一月十三日の日付で美成の「耽奇の小集、去歳五月より始て今茲《ことし》十有一月に至りて凡《すべ》て二十会、本月を終とす。……」という識語が付され、

『兎園小説』の第十二集の末尾には、「乙酉（文政八年）師走《しわす》一日《ついたち》、兎園小説集の満筵《まんえん》にあるじして、竟宴《きようえん》の心を詠める」という詞書を付した、「書きつめし文《ふみ》をば何におはすべききききは遊ばぬ菟道《うじ》の友垣」という馬琴の歌が記されている。

これらを見る限りでは、耽奇会・兎園会ともに予定回数の満尾で終了したかのごとくであるが、おそらくはそうではない。見てきたように文政八年三月・四月に勃発した「けんどん争ひ」で顕在化した美成と馬琴の不和、より根本的には会の運営をめぐっての主導権争いの帰結として、両会ともに継続が困難になり、いったんは終了せざるを得なくなったものと思われる。事実、馬琴は八月二十四日開催の第一七回と十月十三日開催の第一九回耽奇会には欠席し（九月十三日開催の第一八回は出品していない）、美成は馬琴宅で開かれた十一月十三日開催の第一二回兎園会には参加していない。『兎園小説』に付された大槻如電の緒言によれば、十月二十三日に関思亮の海棠庵で開かれた第一一回兎園会において、美成と馬琴は「文学上の口論」をし、両者は絶交するに至ったという。耽奇・兎園両会の終了はそれからおよそ一月後のことであった。

しかし、馬琴には自分が中心になって始めた兎園会は継続したいという思いが強かったらしく、翌文政九年二月から兎園会を復活した。兎園会復活後、文政十年に至るまでの記録は『兎園小説外集』と題されてまとめられている。これには馬琴のほか、馬琴の息子の興継、屋代弘賢、亀屋文宝堂、関思亮、中村仏庵などの文稿が収められている。またこのほかに、馬琴の単独編集になる『兎園小説別集』『兎園小説余録』『兎園小説拾遺』も伝存しており、『兎園小説別集』には「けんどん争ひ」関係の文書も収められている。

馬琴は『兎園小説外集』の目次の後に、兎園会の会友たちの消息を記しているが、その中に次のような美成批判の一文が書きつけられている。「故有りて絶交せし者は好問堂（美成の号）なり。文政八年季冬以来、此と交はらず。その志の愜《こころよ》からざればなり」（原漢文）。お互い譲ることのなかった我の強い美成・馬琴両人の絶交によって、耽奇会と兎園会という二つの考証サロンは空中分解してしまったのである。

文人サロンの喧騒

書画番付騒動

文雅の大衆化

漢詩や和歌を詠んだり書画を揮毫《きごう》したりという文雅の世界は、江戸時代の中期頃までは、ごく一部の上流階級や知識人たちが楽しむものにすぎなかった。しかし、江戸時代中期の十八世紀も半ば過ぎになると、新田開発や商品作物の普及、あるいは商品流通の活発化などにより社会が豊かになり、一般の人々の生活にも余裕が生まれるようになった。その一方で、幕府の文治《ぶんち》主義政策のもとで教育水準が向上したということもあって、大都市だけでなく、地方都市や郷村地域に住む人々も、文雅への憧れを抱き始めるようになった。

文雅の担い手たちは文人と呼ばれたが、そのような文人のなかには、みずから文雅に遊ぶだけでなく、文雅の世界を一般の人々に手ほどきすることによって生活の糧を得ようとする、いわゆる職業文人と称される人々も誕生した。京都・江戸・大坂という三都で文雅を身に付けた職業文人たちは、都会で生活するだけでなく、時に地方を旅して回り、文雅を地方の人々に教えることを日々の生活手段にするようになった。こうした文人の旅回りの生活は遊歴《ゆうれき》と称され、江戸時代後期における文雅の大衆化に大きく貢献した。

番付の流行

大衆化状況がもたらされると、それにともなってさまざまな情報が往き交うようになり、必然的に真偽の混在する情報の整理・評価が求められるようになる。現代社会で流行している格付評価なるものもその一現象であろうが、この種の格付評価なるものは、現代になって初めて登場したわけではない。江戸時代には江戸時代の大衆化状況というものがあり、現代の格付評価と相似た現象は、すでに江戸時代にも見ることができる。

そうした江戸時代に始まった格付評価の一種に「番付」がある。現代で番付と言えば、まず思い起こされるのは相撲番付や長者番付であるが、江戸時代前期には早くも相撲や芝居の番付が出版されている。そして、江戸時代後期になると、こうした番付の形式を利用して、さまざまな事物を主題ごとに格付配列する、いわゆる見立番付《みたてばんづけ》なるものが相次いで出版されるようになった。

すなわち、金持ちの番付、神社仏閣の番付、名所の番付、名産の番付、温泉の番付、酒の番付、料理の番付、学者の番付、俳諧師の番付、さらには「いらぬ物いらぬ事」の番付、「みにくいもの」の番付などというようなものも作られた。第四章「奇物奇談の考証サロン」で紹介した寛政八年（一七九六）刊の「蘭学者芝居見立番付」、寛政十年刊の「蘭学者相撲見立番付」もそうした番付流行のなかから生まれたものにほかならなかった。

書画番付の出版

文化十二年（一八一五）の年の瀬も押し詰まった頃、江戸の文人たちを東西の大関・関脇・小結・前頭などに格付配列した、一枚刷りのいわゆる「書画番付」（「都下名流品題」とも）が江戸の市中に出回り始めた。

この書画番付における格付はおおよそ次のようなものであった。東の方は大関の亀田《かめだ》鵬《ぼう》斎《さい》（学者）を筆頭に、関脇に大窪詩仏《おおくぼしぶつ》（詩人）、小結に谷痴斎（画家）、以下前頭として秦星池（書家）、山本緑陰（学者）、喜多可庵（画家）など、総計六五名。西の方は大関の谷《たに》文晁《ぶんちょう》（画家）を筆頭に、関脇に菊池五山《きくちござん》（詩人）、小結に市河米庵《べいあん》（書家）、以下前頭として中井董堂《とうどう》（書家）、柏木如亭《かしわぎじょてい》（詩人）、葛西因是《かさいいんぜ》（学者）など、で総計六六名が掲げられている。そして、中央の柱の部分上段に、行司として井上四明・大田南畝《おおたなんぽ》・市河寛斎とい

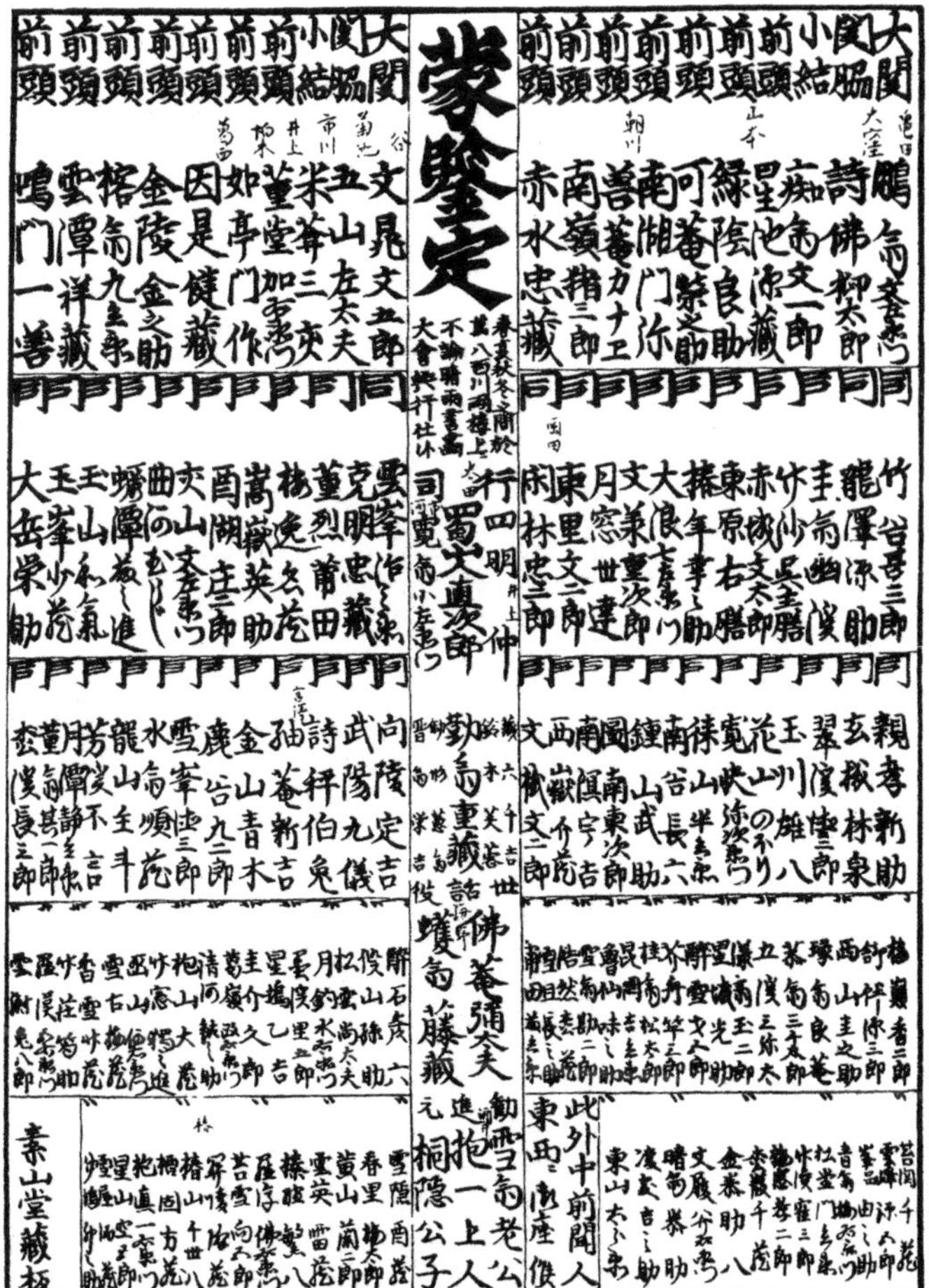

図19　「書画番付」（『楓軒叢記』より）

う江戸文壇の耆宿《きしゆく》三名が鼎立《ていりつ》、その下の段に、行司差添え役として益田勤斎《ますだきんさい》（篆刻《てんこく》家）・浜村蔵六（篆刻家）・鈴木芙蓉《ふよう》（画家）・鍬形蕙斎《くわがたけいさい》（画家）・佐藤晋斎（篆刻家）の名を列挙、さらに第三段めに、世話役として中村仏庵（学者）と海野蠖斎《うんのかくさい》（詩人）が配置され、最下段の第四段めに、勧進元《かんじん》として増山雪斎《ましやませつさい》（伊勢長島藩老侯で書画に堪能）・酒井抱一《ほういつ》（姫路藩主の弟で誹諧と画に堪能）・片桐蘭石（三〇〇〇石の旗本の弟で画に堪能）という三名の文雅に嗜《たしな》みのある貴顕の名前が掲げられ、権威付けがはかられている。当代の江戸文人界をほぼ総まくりにして格付配列した番付であった。

相撲番付ならば、勝敗という客観的な基準によって万人の納得する格付も可能であろうが、文雅の能力を測る統一的・客観的な基準などあるはずがない。当然のこととして、この番付の格付をめぐってどこからともなく不平不満が噴出し始め、いったい誰がこのような怪しげな番付を出版したのかという、犯人捜しが始まった。

書画番付制作の黒幕

後年、この騒動を素材にしたいくつかの戯作が出版された。そのなかの『妙々奇談弁々正《みようみようきだんべんべんせい》』というものに、一連の騒動の経過を要領よく総括した文章が収められている。現代語訳したものを掲げておこう。

文化十二年の冬、菊池五山・大窪詩仏・山本緑陰・佐藤晋斎・依田竹谷たちが共謀して「名士品題」なるものを作り、相撲番付に擬えた一枚刷りにして売り出した。年が明けて文化十三年になると、その番付の格付が私的な愛憎に基づいていて公平でないということで、亀田鵬斎や葛西因是が狂詩を作ってこれを難詰《なんきつ》し、大田南畝も「山儒《やまし》の歌《うた》」という長篇の狂歌を詠んで嘲罵した。また大田錦城も狂詩を詠んだだけでなく、大窪詩仏に宛てた弾劾《だんがい》文を作り、番付の失当を非難した。然《しか》るに辺以再《へんいさい》（正しくは辺《へん》以冉《いぜん》とも）という人物が逆に錦城を譏刺《そし》るようなこともあり、蜀山人大田南畝も再び放屁儒者《へっぴりじゅしゃ》の狂詩を作って重ねて嘲弄した。また吉川逸という者が現れて、大田錦城に宛てて文書を贈り、この番付の製作者は錦城に違いないとしたため、今度は錦城が「弁妄《べんぼう》」という文書を作って無実であることを弁明し、さらには台北真逸《たいほくしんいつ》や深川半隠なる人物、また錦城の息子の大田晴軒などが登場して、相次いで非難応酬の文書を発表し、大騒動へと発展した。まさに南畝がいう「江戸始之儒者騒《えどはじまりてのじゅしゃさわぎ》、評判自二富士山一高《ひょうばんはふじのやまよりたかし》」とはこのことであった。

この騒動の渦中で出された狂詩や弾劾文や反論文などの一次資料については、『日本儒林叢書』第三巻『都下名流品題弁』、『楓軒年録《ふうけんねんろく》』（国立国会図書館蔵写本）第十六冊、『楓軒叢記』（国立国会図書館蔵写本）第十冊、『妙々奇談弁々正附録』などにまとめられている。以下、それらの資料に拠りながら、騒動の推移をもう少し正確に追ってみることにしよう。

神田お玉が池に詩聖堂を開き、江戸の流行詩人として飛ぶ鳥を落とす勢いだった大窪詩仏と、漢詩の批評誌『五山堂詩話』を毎年一巻ずつ刊行して、漢詩の批評家として日本全国に名声を轟《とどろ》かしていた菊池五山が黒幕となり、山本緑陰（儒者）・秦星池（書家）・佐藤晋斎（篆刻家）・依田竹谷（画家）を唆《そそのか》してひそかに番付を作らせ、詩仏と五山が出資して出版したのは文化十二年の冬だった。番付の板下《はんした》を書いたのは書家の秦星池、板刻を担当したのは篆刻家の佐藤晋斎だったという。彼らは普段から詩仏の詩聖堂などで開かれていた文人サロンの常連だった。

詩仏・五山という黒幕二人は東西の関脇に格付され、実行役の四名のうち三名は東西の前頭、実行役のうち晋斎は行司差添え役に配されている。黒幕とされる詩仏・五山が、東西の最高位である大関に格付されていないのは、それではあまりに露骨だったからであろう。最高位には、あえて彼らの先輩格で声望のあった亀田鵬斎（儒者）と谷文晁（画家）を置いたのである。そして、年長者でもあり、江戸学芸界の耆宿《きしゅく》として仰がれていた井上四明・大田南畝・市河寛斎の三人は行司に、同じく中村仏庵と海野蠖斎は世話役に祭り上げて、別格の扱いをした。先に触れた勧進元の人選ともども、周到な配慮をめぐらせた格付だったのである。

大田錦城の弾劾

年が明けて文化十三年の春になると、番付は江戸の町に流布した。しだいにあれこれの噂も立ち、番付制作者についての臆測も飛び交うようになって、騒動は広がっていった。なかでも文化十三年の三月十日に書かれた大田錦《おおたきん》城《じょう》の弾劾文「大窪天民に与ふる書」は、この番付騒動が江戸文人界を揺るがす一大スキャンダルに展開してゆくきっかけを作るものだった。

大田錦城は浅草に塾を開いて教授する、当時売り出し中の儒者（折衷学）で、なかなかの自信家だった。番付では、錦城は初め東の小結に格付されていたが、市中に流布した一枚刷りではその部分が墨で塗り消されていたという（後年、復刻された番付ではこの部分を削除して、下位の者を繰り上げている）。人づてにそのことを漏れ聞いた錦城は、文化十三年の二月二十三日、かつての門人秦星池を呼び出し、番付の現物を初めて目にすることになった。怒った錦城はその後、星池と晋斎の両人を問い詰め、番付の出版に直接関わったのは星池・晋斎・緑陰・竹谷という下谷に住んでいた四人組で、黒幕として出版資金を提供したのは大窪詩仏と菊池五山であることを白状させたという。

こうした詮索の結果を踏まえて書かれたのが、錦城の「大窪天民に与ふる書」であった。錦城はこの猛烈な弾劾文において、番付における格付の不当を六箇条にわたって指弾し、詩仏などの一党がこうした「妄意品評」をたくらんだ淵源は、彼らの師である山本北山にあったと非難した。錦城はかつて北山の奚疑塾《けいぎじゅく》の塾生であったが、北山の学風や人となりにあきたらず、その後北山門下を離れたという経歴があった。北山は番付騒動四年前の文化九年にすでに没していたから、番付には何の関わりもなかったはずだが、錦城はかつての私怨をもとに死者を鞭打ったのである。そのためにこの番付騒動は、番付制作の是非や格付の当否という問題とは別に、これ以後、錦城対北山門下の争いという要素をも付け加えて展開していくことになった。

錦城の「大窪天民に与ふる書」が公表されると、これに対して、辺以冉の「錦城の詩仏に与ふる書を読む」が書かれ、詩仏の反論文ともいうべき「大田公幹に擬答する書」が出された。詩仏はこの反論文において、番付制作に関わったことを一応否定しているが、甚だ意気の揚がらない文章で、もう一人の黒幕と目された五山が反論文を書いた形跡が見られないことと相まって、詩仏・五山の番付黒幕説は当を得たものだったと考えてよいであろう。なおこの時、「南畝、詩を善くせず、文を善くせず。長ずる所は所謂《いわ》ゆる狂歌なるもののみ」と、錦城から思わぬ誹謗《ひぼう》を受けた大田南畝は、「世の人を糞《くそ》の如くに見下《みくだ》して放屁《へっぴり》儒者の身とは成りけり」という狂歌を詠んで、錦城に対する鬱憤晴らしをした。

非難の応酬と事態の収拾

錦城の弾劾文に対し、正面から反論し非難したのは、北山門下の吉川逸《いっ》(芳川波山《はざん》)の文化十三年四月二十日付の「北山門人の大田才佐《さいすけ》に与ふる書」である。吉川逸の反論は次のようなものであった。そもそもこの番付の板下を書いた星池は錦城の門人であり、初め錦城の名前が掲げられていた小結の箇所が墨で消されているのは、こうしておけば自分が番付作成に関係していたと世間が思うことはあるまいという錦城の奸計があったからにほかならない、つまり、錦城こそ番付作成の首謀者に違いないというものであった。これに対しては、錦城の息子晴軒が、文化十三年四月下旬の日付で、「妄男子の家厳に投ずる書を読む」と題する再反論を刷物《すりもの》にして公表した。

時期的には確定できないが、おそらく右のような反論と再反論の文書が行き交っていた頃であろう、騒動の収拾に乗り出す動きが現れた。西の方の前頭三枚目に挙げられていた葛西因是が五山を呼び出して面詰したところ、初め五山は言い訳をして非を認めなかったが、因是の剣幕を畏《おそ》れて、結局は事実関係を認め謝罪した。続いて、当時の江戸文人界の

図20　増山雪斎肖像

パトロン的な存在で、詩仏や五山とも親しく、番付では勧進元に掲げられていた伊勢長島藩の前藩主増山雪斎《ましやませっさい》が、この騒動を遺憾に思い、侍臣を遣わして詩仏と五山に罪を認めさせた。雪斎老侯は詩仏と五山に番付の板木を呈出させ、それを因是に与えて破却させたという。こうした経過を踏まえて、再び錦城の手で、先の「大窪天民に与ふる書」よりもいっそう痛烈で、微に入り細を穿《うが》った、総括的な文章「弁妄」が発表された。また、台北真逸なる人物による錦城擁護の文章も書かれた。

このような錦城側の反撃に対して、再び吉川逸が文化十三年六月上旬の日付で、晴軒の「妄男子の家厳に投ずる書を読む」に的を絞って「愚童子の書を読む」を発表し、さらに北山門下の越後高田藩儒中島東関（紋蔵）も、すでに没している北山への錦城の攻撃を非として、「大田公幹に擬与する書」と題する文章を書いた。

すると、今度は吉川逸の晴軒批判に対し、水戸の寺門子祥が錦城寄りの立場から、文化十三年八月十六日の日付で「妄男子の愚童子の書を読むに駁《ばく》す」という文章を出すといった具合で、事態収拾のために板木が破却された後も、甲論乙駁の応酬は続き、文化十三年の江戸文人界は、この書画番付騒動で大揺れに揺れたのであった。

ちなみに、騒動の渦中では、以上のような文書のほか、番付の制作に抗議したり、あるいは騒動の経過を揶揄《やゆ》したりといった、狂詩や狂歌の類も数多く作られた。『都下名流品題弁』には、錦城、晴軒、因是、鈴木芙蓉、亀田鵬斎、大田南畝などのものが収められているが、そのなかから鵬斎の作とされる狂詩を紹介しておこう。

新山虎吼五山震　　新山《しんざん》　虎吼《ほ》えて　五山震《ふる》ふ
水折石顚圧幾人　　水折《まが》り　石顚《お》ちて　幾人をか圧す
四子欲逃逃不得　　四子逃《のが》れんと欲して逃れ得ず
錦城城裡泣天民　　錦城城裡《じようり》　天民泣く

「新山」「石顚」「四子」という語句には注記が付されていて、それぞれ、「新山《にいやま》は因是の旧姓なり」、「石顚《せきてん》は雪斎老侯の号なり」、「四子は星池・緑陰・竹谷・晋斎なり。下谷四天王と称す」とある。この狂詩の意とするところは、これまでの騒動経過の説明で明らかであろう。詩仏・五山側の完敗であった。

大窪詩仏と菊池五山は資金を醵出《きよしゆつ》してまでして、なぜこのような番付を出版させようとしたのであろうか。非難応酬の文章のなかにしばしば「売名」や「射利」という言葉が見られるように、詩仏や五山たちがこれによって世間に名前を売り、利益を得ようとしたのだという解釈は間違っていないであろう。

江戸文壇のジャーナリズム

先に述べたように、漢詩人として、あるいは漢詩の批評家として、江戸の文人界に重きをなし始めていた彼らが、自分たちを関脇に格付した番付を流布させることによって、そのことを世間に認知させ、彼ら自身の名誉欲を満足させようと考えたことは十分にあり得よう。また、職業文人たる彼らにとって、生活の糧である書画の揮毫料や詩の添削料などが、この種の番付の格付によって左右されることは十分にあり得ることだった。実態の知れている江戸などの大都市ではともかく、情報の乏しい地方ではこの種の格付は、彼らに支払われる謝礼の目安として機能したはずである。彼ら職業文人たちは、収入源のかなりの部分を地方遊歴に頼っていたから、この種の格付には敏感だった。

同時代に活躍する文人たちを格付した番付を出版し流布させるという詩仏や五山の行為は、文字どおり時評《ジャーナリスティック》的な行為にほかならない。それでは、番付騒動の中でそれを非難した錦城をはじめとする批判者たちは、そのようなジャーナリズム的なるものへの決然たる批判者であったのかというと、それは必ずしもそうだったとはいえないであろう。錦城の発表した弾劾文の名調子は、おそらくは事の成り行きに注目する、彼らを取り囲む多くの文雅愛好者たちの受けを狙ったものだった。錦城自身の批判行為にもジャーナリスティックな配慮が働いていた。つまり、大見得《おおみえ》を切って詩仏や五山の売名行為を批判することが、逆に自分自身の売名に寄与するであろうという計算を、錦城がしていなかったとはいえなかろう。そういう点では、この番付騒動においては、批判される側も批判する側も、ともに大衆化した江戸文人界のジャーナリズムという舞台の上で、茶番劇を演じていたともいえるのである。

文人相軽んず

ともあれ、書画番付騒動は大田錦城によって見事にスキャンダルへと潤色されてしまった。騒動の渦中では一貫して腰が引けていたように見える五山は、このスキャンダルのために、五山にとっての生命線ともいうべき『五山堂詩話』の出版を中断せざるを得なくなった。文化四年に巻一を出版して以来、年に一巻ずつ年刊の批評誌として出版し続けていた『五山堂詩話』は、騒動の起こった文化十三年に巻十を出版していったんは中断してしまうのである。五山が『五山堂詩話補遺』として出版を再開するのは二年後の文政元年（一八一八）になってからである。『五山堂詩話』という書物は、ジャーナリスティックであることを編集方針とした漢詩批評誌であったがゆえに、江戸の文人界を揺るがせたるジャーナリスティックな番付騒動に触れないまま出版することはできず、さりとて番付騒動の黒幕の一人であることを暴露された五山としては、これを話題として読者に提供することも難しかった。結局、五山は『五山堂詩話』を中断するより術《すべ》がなく、休止期間をおいたうえで、改めて『五山堂詩話補遺』として再開する道を選ばざるを得なかったのである。

このような深刻な影響も残した番付騒動ではあったが、騒動の渦中で作られた弾劾文や反論、また抗議や揶揄《やゆ》のための狂詩や狂歌をみる限り、それはどこか滑稽な茶番臭の漂うものでもあった。真相を暴露され、批判された側にはそれなりの打撃はあったであろうが、批判し揶揄した側には、どこか騒動の成り行きを楽しむようなところがあった。そもそも批判の急先鋒になった大田錦城にしても、それまでは詩仏や五山の文人サロンに出入りしていた仲間内であり、たとえば文化十一年二月には、錦城は神田お玉が池に詩仏の詩聖堂を訪ね、詩仏の依頼によって長篇の「玉池精舎記《ぎよくちしようじやき》」（『春草堂集』巻十六）を作って、詩聖堂を褒め称えるようなこともしている。また、五山を面詰して番付の板木を破却したという葛西因是にしても、『五山堂詩話』の出版に際しては、五山の依頼でその漢文を点検・推敲したともいわれている。いずれにしても、批判者と被批判者とは同じ交遊サロンのなかで、日々顔を合わせるような親密な間柄だったのである。

魏の曹丕《そうひ》（文帝）が『典論』「論文」の冒頭に「文人の相ひ軽んずること、古《いにし》へよりして然《しか》り」と記したように、文人間での罵《ののし》り合いは古来珍しいことではない。この書画番付騒動は大衆化した江戸文人界を舞台に、売名や射利《しゃり》という欲望に突き動かされた文人たちがお互いを軽んじ、罵り合いながら、一方で騒動そのものを茶番化してその成り行きを楽しむという、「江戸始まりての儒者騒ぎ、評判は富士の山よりも高し」（大田南畝「山儒歌」）という珍事だったのである。

「妙々奇談もの」の季節

『妙々奇談』の出版

書画番付騒動も一段落した頃に、この騒動に触発されて書かれたと思われる『妙々奇談《みようみようきだん》』と題する二巻二冊の戯作《げさく》が出版された。本の大きさは通常の滑稽本などと同じ中本《ちゆうほん》であり、戯作としては滑稽本《こつけいぼん》に分類できるものである。周滑平《すこつぺい》著、門人の五覧通《ごらんのとおり》・曇無鏡《くもらぬかがみ》編集、巻頭に水鏡山人《すいきようさんじん》の漢文序と受業《もんじん》の富台紀杉《とんだいきすぎ》の和文序を付している。もちろん、これらの人名はすべて仮託の戯号である。

内容は次のような全七回からなっている。上巻に、「第一回　良雄、宝斎《ほうさい》に説く」、「第二回　釈尊、志仏《しぶつ》を詰る《なじ》」、「第三回　米芾《べいふつ》、山亥《さんがい》を詈る《ののし》」、「第四回　栗三《りつざん》、五三《ござん》を圧す」。下巻に、「第五回　紫石《しせき》、写三《しやざん》を糺す《ただ》」、「第六回　現心地獄の相」、「第七回　蛆蠅《そよう》、奇詩を作る」。現存、あるいは近年まで存命の人物については、憚《はばか》って人名の漢字を少し変えて当ててある。宝斎は亀田鵬斎、志仏は大窪詩仏、山亥は市河三亥（米庵）、栗三は柴野《しばの》栗山《りつざん》、五三は菊池五山、写三は谷写山（文晁）である。

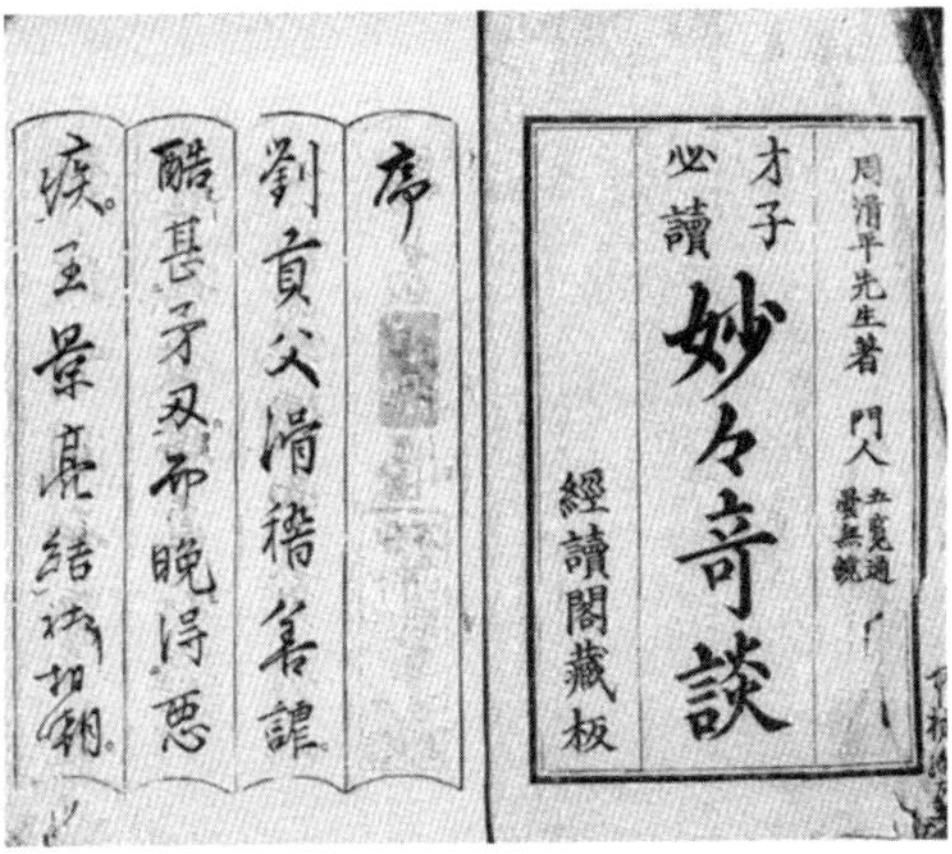

図21　『妙々奇談』

第一回は、大石良雄の亡霊が登場し、泉岳寺に赤穂《あこう》義士の碑を建てた亀田鵬斎の不当を非難する。第二回は、釈迦が大窪詩仏の前に姿を現し、みずから詩仏と号することの不遜を問い詰める。第三回は、宋代の書の大家米芾が市河三亥の夢に現れ、米芾を尊敬して米庵と号しながら、いっこうに米芾の書法を体得していないことを難じる。第四回は、菊池五山の前にかつての五山の師であった柴野栗山が現れ、聖門の学を忘れ金儲けに奔《はし》る五山を叱る。第五回は、江戸時代中期に活躍した画家宋紫石《そうしせき》が谷文晁の前に姿を現し、唐画と称して異様な画を描くことを止め、きちんとした画を描くよう文晁に忠告する。ここで、槍玉に挙げられているのは、いずれも書画番付で上位に格付され、騒動の渦中にあった人物たちである。

第六回は、学才はあっても貧に苦しむ錦成先生（大田錦城《おおたきんじょう》を指す）が、まどろんでいるうちに、文人たちが地獄の呵責に苦しむ変相を夢みる。第七回は、文昌星が現れて、第六回で見せたのは「書画番附の現心地獄」であると言って、錦城に書画番付騒動の背景を絵解きして解説する。なお、第一回から第四回までには、それぞれの回の終わりに門人・友人格の五大荘《ごたいそう》・真仁梅《しんじめい》・未足斎《みそくさい》・野徹芳《のてつぽう》なる者の狂詩が付され、さらに第六回を除いて他の回には毎回、水鏡山人の評が付されている。

このような内容の『妙々奇談』はいつ書かれたのであろうか。第一回に鵬斎の義士碑建立のことが見えている。この石碑が泉岳寺に建てられたのは文政三年（一八二〇）五月であるから、『妙々奇談』の成立はそれ以後ということになる。また、『妙々奇談』の続編として書かれた『妙々奇談後編』の成立が、後で述べるように文政四年一月以後であることからすると、『妙々奇談』が書かれたのは、文政三年五月から文政四年一月までの間、およそ文政三年の後半だったと推定してよいであろう。そして、おそらくはその年のうちには出版されたものと思われる。

『妙々奇談』の続編

『妙々奇談』が出版されて以後、その続編とでもいうべきものが幾つか出版された。すぐ後に続いて出たのが、『妙々奇談後編』（『妙々奇談二篇』あるいは『学者必読妙々奇談後夜の夢』とも）二巻二冊である。『妙々奇談』と同じように、周滑平著、門人の五覧通・曇無鏡の校定、巻頭に水鏡山人の漢文序と受業の富台紀杉の和文序を付している。

内容は「第一回　泉岳の義談」、「第二回　両国の仏談」、「第三回　聖堂の霊談」、「第四回　浅草の精談」、「第五回　白山の神談」、「第六回　矢倉《やのくら》の星談」となっており、第一回は亀田鵬斎、第二回は大窪詩仏、第三回は菊池五山、第四回は谷文晁、第五回は市河米庵、第六回は大田錦城が取り上げられ、『妙々奇談』正編の補足、だめ押しをするものになっている。第六回以外、それぞれの回の終わりに、五勿兎毛《ごもっとも》・五大荘・野徹芳・真仁梅・未足斎という門人・知友の評が付されている。内容面あるいは形式的な面から考えて、『妙々奇談』正編と同じ作者の手になるものと推測してよいであろう。

『妙々奇談後編』の成立時期について手がかりになるのは、第五回の冒頭に「可三孩（市河米庵のこと）、米元章（米芾）に別れてのち、はからずもある大家に召出《めしいだ》され、三百石の俸禄を給はり」という文章が見えることである。米庵が加賀金沢藩に三〇〇石で招《しよう》聘《へい》されたのは文政四年一月のことだった。つまり、この一文によって、『妙々奇談後編』の成立は文政四年一月以後と推測されるのである。ここに取り上げられた六人のうち、もっとも早く没したのは文政八年四月二十三日没の大田錦城である。第六回は錦城についての回であるが、その書き方は錦城没後のものとは思われない。とすると、『妙々奇談後編』は文政四年一月から文政八年四月までの間に成立したということになるが、本書が際物的な内容の書物であることを考えれば、文政四年一月以後あまり遠くない時期に成立し、ほどなく出版されたものと考えるのが穏当であろうか。

作者詮索

『妙々奇談後編』出版後しばらく経ってから、『妙々奇談弁正《べんせい》』（『妙々奇談三編』とも）二巻二冊が出版された。北海逸民《ほっかいいつみん》の文政十二年一月の漢文序、「かつしかの郡のさと人なにがし」の和文序、蛇足陳人の文政十二年一月の漢文序を付していることから、成立は文政十二年一月ということになる。これまた刊年は不明だが、成立からほど遠くない時期の出版であろう。内容は、『妙々奇談』では南畝が批判の対象になっていないことから、世間では『妙々奇談』の作者を南畝に当てる説が行われているようだが、それは誤りで、『妙々奇談』において文昌星に「先生」と呼ばせている錦城こそ作者に違いないとし、錦城作者説を縷々《るる》述べていくものになっている。ちなみに、これが書かれた時点では、南畝も錦城もすでに没していて、ともにこの世の人ではない。『妙々奇談弁正』を承《う》けてそれへの反論として出版されたのが、『論妙々奇談』一巻一冊である。作者は両国の近所先生、両国の近所籠人の「文政己丑焼後仲日」の序を付す。この日付は文政十二年三月二十一日の江戸大火後の仲日を意味するから、本書の成立は文政十二年三月ということになる。内容は、『妙々奇談』の作者が錦城であるという『妙々奇談弁正』の説を否定し、南畝を攻撃しつつ、『妙々奇談』の作者は武州青梅の薬種商亀屋だとするものである。

このようにして突如起こった『妙々奇談』の作者詮索を沈静化させ、かつて書画番付騒動の渦中で飛び交った文書などを収集整理し、番付騒動の経過を改めて総括するものとして出版されたのが『妙々奇談弁々正《べんべんせい》』二巻二冊である。出版年は未詳であるが、『妙々奇談弁正』や『論妙々奇談』が出版された文政十二年のうちか、それからあまり隔たらない頃に出版されたと考えてよいであろう。

この書は、周滑平先生鑑定、門人の五覧通・曇無鏡著と銘打たれ、もともと『妙々奇談』に付するはずのものだったが、うっかり取り落としていたので、ここに付することにしたという「南都《なんと》　逵追文田呂《きついもんだろ》」の原序（漢文）、野徹芳の和文序を掲げ、下巻には水鏡山人の編で「妙々奇談弁々正附録」と題して書画番付騒動関係の文書をまとめ、さらに附録として水鏡山人が夢の中で周滑平と問答する「翁問答」という文章を付している。本文の内容は、富台紀杉・五覧通・曇無鏡・真仁梅・未足斎・五大荘がそれぞれ、『妙々奇談』の作者周滑平は周滑平であって、南畝でも錦城でもないことを弁ずるというものである。その内容や登場する人名からして、この『妙々奇談弁々正』の作者は、『妙々奇談』『妙々奇談後編』の作者と同一人と推測される。ともあれ、この『妙々奇談弁々正』が出版されたことによって、『妙々奇談』の続編作出版の動きは終息することになる。

周滑平とは誰か

周滑平は周滑平にほかならないといっても、それが匿名の戯号である以上、いったい誰なのかという疑問は残る。これまでみてきたように、大田南畝、大田錦城、青梅の薬種商亀屋などという名前が取り沙汰されたが、周滑平が彼ら三人のいずれでもないことはまず間違いない。

彼ら三人以外で、周滑平ではないかと噂された人物に飯能の薬種商大河原文左衛門（屋号を亀屋、亀文《きぶん》と称した）という人物がいる。慶應義塾図書館蔵の『妙々奇談』表紙裏に貼り込まれた紙片に「此《この》亀文、妙々奇談の作者なり。此書を著し蔵せしに、誰人《たれびと》かいつの程にかうつし取けん、江戸にて板行し、世に流布せり。作者の亀文もしらずしておどろきしとぞ」とあることから、かなり早い時期からこの噂は立っていたらしい。そして古くは林織善「大河原亀文翁」（『埼玉史談』第一巻第一号、昭和四年〈一九二九〉九月）が周滑平は大河原亀文であるという説を唱え、新しくは『新編埼玉県史』資料編十二（昭和五十七年刊）もこれを踏襲している。とくに後者は亀文の子孫の所蔵する「著者自筆写本」を底本にして、『妙々奇談』と『妙々奇談後編』を翻刻しているため、現在では周滑平とは大河原亀文であるとの説が有力になっているようだが、なお疑念なしとしない。

なぜなら、子孫の所蔵するという「著者自筆写本」が、亀文の自筆稿本かどうかがはっきりせず、可能性としては、流布していた板本を亀文が写し、その写本に何らかの注記を亀文自身が書き加えたということもあり得るからである。そして、もっと重大な疑念は、『妙々奇談』『妙々奇談後編』『妙々奇談弁々正』の内容は、書画番付騒動ならびに江戸文人界の裏面に深く通じていなければ書けるようなものではないこと、その文章は儒学・漢詩文についてのかなり高度の学識・教養に裏打ちされたものであること、付載されている狂詩の出来などから見て、洗練された滑稽の才の持主であること等々の特徴があり、いかに江戸の文人との交流があったにしても、飯能の薬種商大河原亀文なる人物がそうした要件を満たすに足る人物であったとは思い難いからである。

また、上記三書を貫いている作者の基本的な立場は、「空詩浮文」の徒を否定し、「聖門の学」を学ぶ学者を肯定するというものである。したがって、漢詩人や書家や画家として活躍していた詩仏・五山・鵬斎・米庵・文晁などいわゆる下町派の文人たちが酷評・嘲弄されているのに対し、柴野栗山・井上四明・大田南畝などいわゆる山手派の学者・文人たちが好意的に扱われ、番付騒動渦中の人であっても儒学者として業績を挙げていた大田錦城は好意的な扱いを受けている。このような評価の視点が果たして在郷の文人であった亀文の立場として自然にあり得るものだったのかどうか、仮に亀文が周滑平ならば、もっと違う視点に立って『妙々奇談』は書かれたのではないだろうか。

そこで、かつて私は周滑平の正体を、昌平黌《しょうへいこう》に学び、狂詩作者半可山人《はんかさんじん》としても知られる幕臣植木《うえき》玉厓《ぎょくがい》に擬する「『妙々奇談』作者臆説」（『日本随筆大成』第三期第十一巻付録）という小文を発表したことがあった。煩雑になるのでここでその推論過程を繰り返すことはしない。また右の小文は、状況証拠の提示はしたが、確定的な論拠を挙げることができなかった試論であり、その後も論を詰めることができていないので、現段階でも臆説に止めるほかないが、文雅を生活の糧として浮かれ騒ぐ下町派文人たちに対する、昌平黌に拠った正統的官学派文人たちによる批判の動きとして、『妙々奇談』は捉えられるべきではないかという問題提起である。そういう意味からすれば、『妙々奇談』は植木玉厓個人によって書かれたというよりも、玉厓を中心とする昌平黌に学んだ官学派文人たちのサロンでの所産であったと考える方が、より真実に近いのかもしれない。

背景と広がり

ともあれ、文化十二年冬の番付出版で始まった書画番付騒動は、『妙々奇談弁々正』の出版が仮に文政十二年のうちであったとすると、足かけ一五年にわたって世間を賑わせてきたことになる。そして、それは江戸の市中にとどまらず、江戸の近郷近在はもとより、遠く山陽道の備後神辺《かんなべ》に住む菅茶山《かんちゃざん》のもとにも伝わっていた。そのことは菅茶山が文化十四年一月二十一日付で江戸の伊沢蘭軒《いざわらんけん》に宛てた手紙に、「去年詩画騒動之詩、尺牘《せきとく》とも見申候。番付未参《いまだまいらず》候。あらば御こし可被下《くださるべく》候」（森鷗外『伊沢蘭軒』その九十二）と記している通りである。

こうした事象の背景にあったのは、文雅の大衆化状況であり、大衆化した文人界の裏面やゴシップに対する世間の人々の関心の強さであった。見てきたように、文人たちもまたいくつかの小グループや小サロンを形成し、文人相軽んずという風潮のなかで、売名や射利の欲望を内に秘めつつ、さまざまな情報をまき散らし、茶番劇にうち興じた。そして、それは書画番付をめぐる騒動にとどまらず、そうしたものを生み出した江戸文人界の裏面をゴシップ的に取り上げた際物的な戯作として、一連の「妙々奇談もの」の出版につながっていったのである。

　このような動きは、江戸の儒学・漢詩文系の文人界だけにとどまらなかった。江戸の国学・和歌界にも同じような動きが現れ、天保三年（一八三二）には『しりうごと』三巻三冊が出版され、平田篤胤《ひらたあつたね》・海野幸典《うんのゆきのり》・小山田与清《おやまだともきよ》・石川雅望《いしかわまさもち》・岸本由豆流《きしもとゆずる》・屋代弘賢《やしろひろかた》が槍玉にあげられた。これに対しては、『難後言《なんしりうごと》』や『鳥おどし』といった反論書が出版され、『金剛談』という反論書も書かれた。

　このほか、江戸では『妙々奇談』の追随模倣作として、何呉餡内《なにもごあんない》著の『才子必読当世奇話』（『才子必読妙々奇談』とも）二冊が出版された。弘化二年（一八四五）頃の出版かと推測されているが、曲亭馬琴・田川鳳朗《ほうろう》・松本董斎《とうさい》・喜多武清《ぶせい》・橘守部《もりべ》・東条琴台などが取り沙汰されている。また、平気亭先生著の『妙々戯談』二冊が嘉永四年（一八五一）頃に出版され、谷文晁・松本董斎・寺門静軒・畑銀鶏を攻撃する『諸家必読出放題《でほうだい》初篇』一冊も出版された。さらに江戸から飛び火して、京都の文人を素材にした『当世名家大妙々奇譚』というようなものも弘化四年に出版され、これまた京都文人界に一波乱を起こしている。

そして、こうした「妙々奇談もの」による穴さがしは文人界にとどまらなかった。今も昔も役者のゴシップは人々の好むところということであろうか、演劇界までもがその対象になった。天保四年に『役者必読妙々痴談』二巻二冊、『役者妙々後夜の夢』二巻二冊、『役者必読妙々痴談返註録』二巻二冊、という三作が出版され、翌天保五年には南地亭金楽《なんちていきんらく》著の『妙々戯談』二巻二冊が出版されるなど、人気役者を取り上げた「妙々奇談もの」が相次いで出版されている。

幕末はまさに百花狼藉の「妙々奇談もの」の季節だったのである。

書画会の流行

書画会とは

「妙々奇談もの」の中で非難の対象とされている事柄の一つに「書画会」がある。たとえば『妙々奇談』第一回で、酒好きとして知られていた亀田鵬斎は、「中仙道か江戸在で書画会を催し、写三（写山の当字《あてじ》で谷文晁を指す）が贋《にせ》画を鬮《くじ》に出し、銭をもふけて酒かふて、酔うてくらすが能《よ》かるべし」などと嘲弄されている。すなわち書画会は文人たちの金儲けの手段になっているとして非難されたのである。書画会とは文字通り、書画を楽しむための会《サロン》であるが、なぜそれが金儲けの手段になり、非難されるようになったのであろうか。

二つの書画会

ひとことに書画会といっても、江戸時代には実は二つの系統の書画会があった。その一つは、主催者の呼びかけに応じて、文人たちがあらかじめ制作していた新作の書画（時に愛蔵する古書画の場合もあった）を持ち寄って展観し、楽しむという展覧会系統の書画会である。もう一つは、何人かの文人が集い、酒を酌み交わしながら、即興的に詩を作り、書を揮毫《きごう》し、小品の画を描いて、ひとときを楽しく過ごすという、席書《せきがき》・席画《せきが》系統の書画会である。江戸時代後期にはこうした二つの系統の書画会が平行して行われていたが、いずれの系統にしろ、それらが書画会という言葉で呼ばれ、それとしてはっきり意識して催されるようになったのは、十八世紀も末になってからのことされている。

前者の展覧会系統の書画会の始まりは、京都の文人儒者皆川淇園《みながわきえん》の提唱で寛政四年（一七九二）に京都東山で催された「新書画展観」である。淇園の「安喜生が小幅《しょうふく》の五百《ごひゃく》羅漢《かん》図を得し事に書す」（『淇園文集』前編巻十二）という文章によれば、その経緯は次のようなものであった。淇園はかねてより京都・大坂・江戸の書画の振興を願っていた。そこで、平生からの知り合いであった書家や画家たちに、毎年春と秋に日を決めて、それぞれの書画作品を持ち寄る会を催そうではないかと提案した。この会は「新書画展観」と名づけられ、寛政四年から寛政十年までで一四会が開かれ、毎会、三、四百幅もの書画が集まり、展観に供されたという。

相見香雨《あいみこうう》の「東山の書画会」(『相見香雨集』第三巻)によれば、京都東山でのこの書画会は寛政以後も行われ、明治四、五年頃まで、約八〇年間も継続した。寛政八年九月二十七日、寛政九年三月二十七日の展示作品の目録『新書画展観目録』も現存している。これ以外のこの系統の書画会の目録としては、文化三年(一八〇六)二月十二日、文政八年(一八二五)九月十七日に京都で行われたものが近年紹介されたほか、この系統の書画会は江戸にも波及し、『近世名家書画談』初編(天保元年〈一八三〇〉刊)の記事によれば、文政末年から天保初年にかけての時期には古書画の「展観会」が江戸で開かれている。また、嘉永元年(一八四八)三月二十四日に江戸本所の多田薬師境内で開かれた「新書画展観会」の引札《ひきふだ》(チラシ)なども現存している。

もう一つの席書《せきがき》・席画《せきが》系統の書画会の始まりとして知られているのは、京都の「新書画展観」と同じ年の寛政四年の一月十七日に、画家の谷文晁が江戸柳橋の料亭万八楼《まんぱちろう》で催した書画会である。これに参会したのは文晁のほかは、文晁の妻の幹々《かんかん》、文晁の妹の舜英《しゅんえい》、鈴木芙蓉、鏑木梅渓、春木南湖、宋紫山という全部で七人の文人画家であった。この時席画された画を集めて、『二水七画画巻』という一巻に装幀した大田南畝は、後年の文化七年（一八一〇）にこれを振り返って、「近世の所謂《いわ》ゆる書画会なる者は此《これ》より始まるなり」と記している。

この文晁主催の書画会は、身内と仲間内の画家で催した新年の賀会であって、金儲けのためのものではなかったが、「妙々奇談もの」で非難されることになるような、あからさまな金儲けの手段としての書画会は、京都で始まった「新書画展観」系統の書画会からではなく、こうした料亭を会場とした席書・席画系統の書画会から始まったとしてよいであろう。

利のためにする大俗事

詩人や書家や画家、そして戯作者たちは、出版記念・還暦あるいは古稀の記念・襲名の披露・新年の発会、そしてまた純粋に資金集めのために、料亭などを会場にして書画の即席揮毫販売会としての書画会を開くようになった。会主（主催者）と懇意な出版書肆などが世話役となって、会場の設営や宣伝用の引札が準備され、参会者は書画会の当日、金一朱（一両の一六分の一）か二朱、時には金一分（一両の四分の一）程度の祝儀をもって会場に出かけた。会場の料亭などでは酒食が供され、座の取り持ちに芸者が呼ばれることもあった。会主はあらかじめ用意していた書画のほか、その場で書画を揮毫して、参会者に頒布《はんぷ》した。盛大な会の場合には、会主のほかに会主の友人の書家や画家が補助として揮毫に加わることもあった。

文晁の柳橋万八楼での書画会から四ヵ月ほど後の寛政四年五月、同じ万八楼で山東京伝の書画会が催された。曲亭馬琴《きよくていばきん》の『伊波伝毛乃記《いわでものき》』は、それについて次のように記している。

寛政四年五月のころ、両国柳橋万八楼に於て、書画会を興行せしに、来会するもの百七八十人に及び、当日の収納金三十金に近し。是日《このひ》、書肆鶴屋、蔦屋《つたや》、酒食の東道したりき。是《これ》に借財を加へて、寛政五年の春、京橋銀座一丁目なる、橋の方の木戸際に借家して、間口僅に九尺なりき。紙煙草入、煙管店《きせるだな》を開きしに、大《いた》く繁昌して、毎月に八九十金の商ひをしたり。

京伝の戯作の版元であった鶴屋喜右衛門と蔦屋重三郎が世話役を買って出た書画会で、一七〇～一八〇人の参会者があり、三〇両近い収益があったという。人気戯作者京伝ならではということであろう。そして、京伝はこの収益金を元にして、京橋銀座一丁目に煙草入や煙管を商う京伝店と呼ばれる店を開いた。開店資金捻出のための書画会だったのである。

図22　「書画会の図」（『南柯之夢』より）

先の書画番付騒動で黒幕と目された菊池五山は、『妙々奇談』において、「世俗の人《じん》評《ひょう》に欲の五山あり。一日《いちにいわく》、詩話の梓行《しこう》、二日、師匠の名を売り、三日、大家の顔色、四日、詩会、五日、書画会。総《すべ》て五の山なり」と揶揄《やゆ》されているように、書画会にも熱心な文人の一人だった。五山は文化四年（一八〇七）に巻一を刊行して以来、毎年一巻ずつ『五山堂詩話』を出版していたが、一巻が出版されるごとに、出版記念の書画会を催すというのが恒例になっていた。巻四が出版された文化七年、五山は六月二十七日にその出版記念書画会を日本橋浮世小路の料亭百川《ももかわ》で開いた。伊勢四日市の門人伊達《だて》箑亭《しょうてい》に当てた手紙のなかで、この書画会について五山は次のように報告している（『菊池五山書簡集』）。

右詩話発会、一昨日廿七日於日本橋百川楼相催申候。暑熱中ゆへ人の出少なく御座候。乍去《さりながら》大抵百二三十人斗《ばかり》も会集仕候。先々《まずまず》盛会との沙汰に御座候。

参会者の持参した祝儀によって、五山は相応の収入を得たものと思われる。五山は大名に禄仕していたわけではなく、塾を開いて門人から授業料を得ていたわけでもない。五山の生計は主として『五山堂詩話』の出版によって支えられていた。五山にとって、毎年催した『五山堂詩話』の出版記念書画会は、生活費を賄うためには欠くことのできない重要な行事だったのである。

結局は金のために俗物たちに頭を下げて回らねばならず、当日は酒のために収拾がつかなくなってしまうような書画会などというものは、自分には無縁だと思っていた気位の高い曲亭馬琴でさえ、実は書画会を開いている。天保七年八月十四日、柳橋の万八楼における、馬琴の古稀祝賀の書画会である。世話役になったのは、馬琴畢生《ひっせい》の大著『南総里見八犬伝』の版元丁子屋《ちょうじや》平兵衛と、馬琴の草双紙の多く出版していた和泉屋《いずみや》市兵衛である。伊勢松坂の門人殿村篠斎《とのむらじょうさい》宛の天保七年八月六日付の手紙に、馬琴は間近に迫った自分の書画会についての報告を記している。現代語訳して紹介してみよう。

弟子の多い文人は、年毎に書画会を行う人も少なくないようですが、私はそのような事は嫌いなので、これまでしようとは思いませんでしたが、丁子屋などに勧められて仕方なくすることになってしまいました。立ち入った話ですが、前にも書きましたように、そのために準備したのは袱紗《ふくさ》二百枚、扇子五百本、猪口《ちょく》七百個ほど、そのほかにも雑費が五、六十両ほどにもなったということです。五月上旬より準備に取りかかり、七月二十五日よりこの書画会の宣伝のため、江戸中を廻るのに十日余りもかかりました。私は歩行が不自由なので、駕籠《かご》で二三日出ただけですが、その後は親類の者を名代として出しました。こんな時には雅友よりも俗人の方が頼もしく、私の作品を一度でも出版したことのある書賈《しょこ》はなおさらです。それほどでもない者も混じっていますが、画工としては国貞や国直をはじめ多くの者が、日々代わる代わる差添《さしそえ》として廻勤してくれました。世話人は多い日で十余人、少ない日でも六、七人ずつは出ましたので、酒や料理の費用も少からずかかり、書画会当日の入用を含めると、百両近くかかりますでしょうか。今年は折悪く凶年なので、人の気持もあまり振るいませんが、今さら延期にもしがたく、こんな次第ですが、実入《みい》りがどれほどあるものか、心配が無いわけではありません。損さえしなければ幸いと考えているところです。書画会などといえば風流のようですが、実は利の為にするという大いなる俗事ですので、心の中では恥ずかしいのですが、これもまた渡世の一助ですので、致し方がないことです。

馬琴は篠斎に準備の大変さを訴えているが、「袱紗二百枚、扇子五百本、猪口七百個ほど」というのは書画会当日、参会者に渡すために前もって準備した引出物で、袱紗の絵は酒井抱一門下の画家児玉一峨《こだまいちが》が描き、袱紗と扇子の賛は馬琴と発起人の一人であった書家の松本董斎が書いたという。

馬琴は「心の中では恥ずかしいのですが、これもまた渡世の一助」と思い定めて、やむなく書画会を催すことにしたと記しているが、それには次のような切実な理由があった。馬琴が滝沢家の将来を託していた息子の興継《おきつぐ》（宗伯）はもともと病弱であったが、天保六年五月に三十八歳で病没してしまった。後に残された八歳の嫡孫太郎の行く末と滝沢家の将来を案じた馬琴は、鉄炮組の御家人株取得を思い立ち、その資金を工面するために、古稀の祝いを名目とした書画会の開催に踏み切ったのであった。

念入りな準備の甲斐もあって、書画会当日の参会者は六〇〇名に及ぶ大盛況だったという。しかし、準備に思わぬ出費を要したこともあって、期待した程に収益は上がらず、御家人株取得の資金一三〇両をこれで賄うことはできなかった。馬琴は蔵書を売り払い、さらには神田の住まいを売却することで、ようやく資金を調達したという。

書画会の盛況

天保八年刊の方《ほう》外《げ》道人《どうじん》の狂詩集『江戸名物詩』に、次のような狂詩が収められている。

万八書画会　浅草平右衛門町柳橋北角
万八楼上書画会　万八楼上　書画の会
不拘晴雨御来臨　晴雨に拘らず御来臨
先生席上皆揮毫　先生　席上に皆な毫《ふで》を揮《ふる》ふ
帳面頻付収納金　帳面頻りに付く　収納の金

寛政年間に始まった、即席書画揮毫販売会ともいえる江戸の書画会は、享和・文化・文政としだいに盛んになり、天保年間には太平の江戸を象徴する「名物」と目されるまでになったのである。寺門静軒《てらかどせいけん》は、江戸の繁栄風俗とその裏面を捉えた漢文体戯作『江戸繁《はん》昌《じょう》記《き》』初篇（天保三年刊）において、「書画会」にわざわざ一章を割き、あたかも実況中継をするかのように、「酒流れ殽《さかな》崩れ、喧囂《けんがう》雷轟《とどろ》き、塵埃《じんあい》雲蒸す。千筵《せんえん》の坐間、寸も虚白《きょはく》なし。然《しか》れども主人の心、猶ほ一銖《いっしゅ》の滴《したた》り、盛会の海を助けんことを望む」と、杯盤狼藉、雑踏紛擾《ざっとうふんじょう》する書画会の会場において、書画会の収支に思いをめぐらす主催者の様子を皮肉な視線で描きとった。

ロバート・キャンベル氏は、幕末期の文人東条琴台《とうじょうきんだい》の『焦後雞肋冊《しょうごけいろくさつ》』と、関雪江《せきせっこう》の『雪江先生貼雑《はりまぜ》』という二つの貼込帖《はりこみじょう》を精査し、そこに貼り込まれた書画会の引札から、天保期から安政期にかけての書画会の実体を明らかにした（「天保期前後の書画会」）。一覧表として整理されたものによると、天保六年頃から天保十四年までの間に九四会、嘉永年間から安政年間（一八五四―六〇）までの間に一九一会、合わせて幕末期の二五年ほどの間に合計二八六会の書画会が記録されている。この数は、貼込帖に引札が貼られているものだけの集計である。蒐集《しゅうしゅう》に漏れた引札もあろう、引札を板行しなかった小規模の書画会もあろうから、この間に催された書画会の実数は、これよりもはるかに多い数だったと考えてよい。驚くべき書画会の流行である。畑銀鶏《はたぎんけい》が『南柯乃夢《なんかのゆめ》』（天保六年刊）において、「そこにも書画会、爰《ここ》にも書画会、書画会で目をつくほどの流行」というのはけっして誇張ではなかった。

このように書画会が、日々江戸の町のどこかで開かれ、文人・戯作者の射利のイベントとして定着してくると、会場の確保や引札の制作・配布、当日の運営などを一括して請負

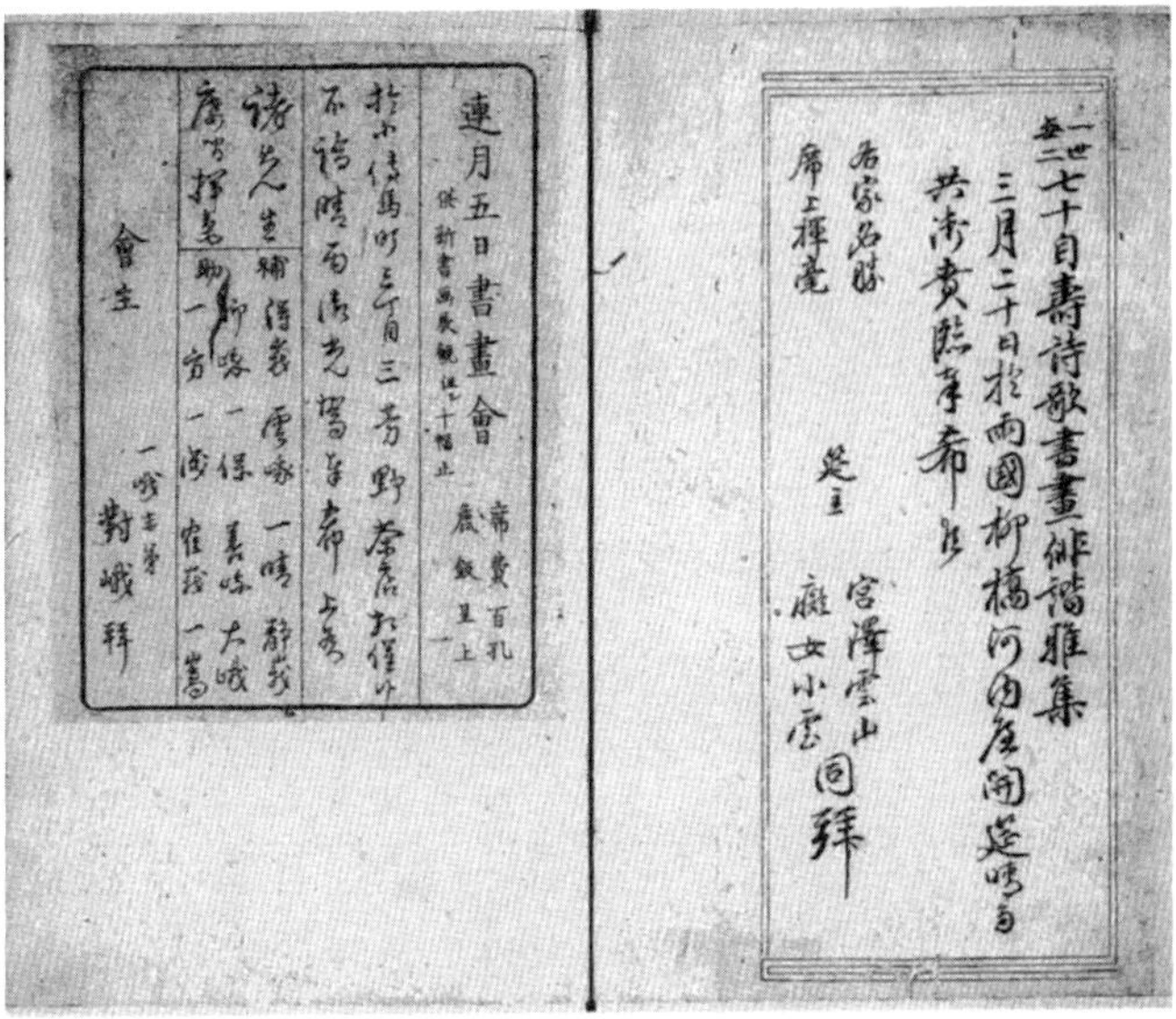

図23　「書画買引札」（『雪江先生貼雑』より）

う業者が登場することになった。こうした業者としてもっとも華々しく活動したのが扇面亭伝四郎親子である。先の『江戸繁昌記』初篇の「書画会」の末尾にも、「扇面亭某父子、風流相《あい》承《う》け、並びに会儀に閑《なら》ひ、其の格式に達す。故を以て集会を謀る者、皆先《ま》づ就《つ》いて質《ただ》す」と記されている。

扇面亭は日本橋馬喰《ばくろ》町にあった扇屋で、文化八年三月十二日に式亭三馬が両国橋向尾上町の中村屋で書画会を催した時、世話役として当日の運営を担当したことが、『式亭雑記』から知られるが、「扇面亭は、馬喰町肴店に住す扇屋伝四郎が事也。会席にて、扇子・唐紙・短冊等を商ふ人。……毛《もう》氈《せん》・硯《すずり》の類は、扇面亭より損料にて貸す事也。至極便利にてよし。草履《ぞうり》番人・酒番人とも扇面亭より雇ひ人、甚だ事馴たる者どもなり」と記されており、かなり早い時期から書画会の請負いを仕事にしていたことがわかる。扇面亭は出版も行っており、文化十二年には『江戸諸家人名録』初編、文政元年には同二編を編集刊行している。これらは江戸の学者や文人の姓名・字・号、専門分野、住所、会日などを掲載したものであるが、書画会請負いの業務上に必要な名簿の整備という意味合いも兼ねた出版であった。

書画会肝煎騒動

書画会がこれだけ頻繁に開かれるようになると、参会者の確保もなかなか容易ではなくなる。一般の人々を集めるためには、どうしても著名な文人の出席を仰ぎ、彼らに席書・席画してもらうことが求められるようになってくる。しばしば出席を要請されるようになった著名な文人たちは、たとえ忙しくても会主に義理があれば断るわけにもいかず、出席する場合には相応の祝儀を持参せねばならないという仕儀になる。こうして終《つい》に音《ね》をあげるようになった著名な文人たちは、以上のような事態に対処しつつ、書画会出席によって利益を得る方法はないものかと、対策を模索し始めたのである。これがまた江戸文人界に一つの騒動を惹起することになる。以下この騒動の概要を、先のロバート・キャンベル氏の論考に拠りながら紹介することにしよう。

天保九年三月二十五日、江戸の下谷大音寺前の料亭駐春亭（田川屋）で扇面亭伝四郎を含めて二三名の文人たちが会合した。詩人の菊池五山・宮沢雲山・梁川星巌《やながわせいがん》、画家の谷文晁・依田竹谷・喜多武清《きたぶせい》、書家の松本董斎・秦星塢、篆刻家の益田遇所《ますだぐうしょ》、儒者の東条琴台、歌人の井上文雄などである。出席者を代表して画家の喜多武清が、冒頭に次のような挨拶をして、会合の趣旨説明をしたという。

近ごろあまり書画会が沢山過《たくさんすぎ》てこともみだれ、誹諧師ぢやの月琴引《げっきんひき》、文よむ人や書《て》かく人にともに遊びはせぬけれど、会さへすれば先生になられる事とのこゝろたがひ、今日はこれへ寄合《よりあい》しも他の事たらず。書画会へも肝煎《きもいり》をたて月番《つきばん》を定めて、夫々《それぞれ》下知を門人へも万事伝へて為すならば、補助会幹の名前にも、某《だれ》が巻頭、某《なに》がしが下のだんでは迷惑など、毎々議論もある事なり。これ等《ら》をとくとさだめて置たし。さて、われ〳〵を頼むなら、老人株へは肴料あるひは菓子代、かごちんを出させる工夫は、いかゞでござる。

つまり、江戸の書画会運営協議会を作り、理事（肝煎）を選び、月ごとに担当（月番）を決め、毎月の書画会の運営はその月番の指示に従い、書画会に出席する揮毫者（補助会幹）も月番が差配し、長老格の文人（ここでは駐春亭の会合に出席したような文人を指しているのであろう）が書画会に出席する場合には、肴料・菓子代・駕籠《かご》賃という名目で特別の報酬を出させることにしようというのである。書画会に駆り出されることの多かった一部の著名な文人たちが、書画会の設営を仕事とした扇面亭と連携し、書画会運営組織の独占的ギルド化を図ろうとした動きであった。

以上のような駐春亭での談合を暴露するかのように、談合から二ヵ月後に『書画会肝煎《しょがかいきもいり》鍋《なべ》』（天保九年閏四月序）という戯作が、突然出版された。本書の作者天竺浪人《てんじくろうにん》は、本草学者阿部櫟斎《れきさい》であるという。櫟斎は上記のような一部の著名文人によって書画会がギルド化される動きに反対し、牽制しようとしてこのような情報暴露にうって出たのである。

こうした牽制に同調して、『書画会肝煎鍋』と内容的に重なる『芸林司会録《げいりんしかいろく》』という漢文体の著作も出版された。作者は江戸詰の秋田藩士であった三木移山、寺門静軒に従って儒を学び、阿部櫟斎とも交遊があった。そして、先に書画会を素材にして『南柯乃夢』を書いた畑銀鶏も、この駐春亭での書画会肝煎の談合を問題視する『須礼数例草《すれすれぐさ》』を天保九年八月に刊行した。『書画会肝煎鍋』の中では、銀鶏は駐春亭での会合に押しかけ、一座の人々を説諭した人物として描かれている。肝煎から外された銀鶏も、書画会運営組織のギルド化阻止に加わったのである。

さらに、当初駐春亭での談合に参加していた肝煎二三名のうちの一人であった儒者東条琴台が、『書画会肝煎鍋』出版後、これを読んで肝煎結成の非なることを悟り、反対陣営に回って出版したものが『居家計名惜《いかけなおし》』である。琴台はもともと櫟斎や移山や銀鶏と親しかったこともあって立場を変えたのであろうが、転向した琴台は「肝煎のぞき」の会を主催するなどして反対運動の先頭に立ったという。

この騒動がその後どのような展開をみせたかについてはよくわからない。また、これ以上そのことを詮索してもあまり意味はないであろう。文雅の大衆化状況が到来したなかで、江戸の文人サロンを舞台として起こった茶番的な騒動が、文化年間末年の書画番付騒動であったことはすでに述べたとおりであるが、この書画会肝煎騒動は言わばその二番煎じともいうべき騒動にすぎないからである。ここに至って江戸の文人サロンの頽落も極まったというべきであろうか。

しかし、書画会の盛況はなお明治に至るまで続き、開催地も江戸・京都・大坂に限らず、名古屋・仙台・甲府などの地方都市にも広がっていったのはもちろん、江戸に近いところでは早く天保年間に郷村地帯でも書画会が開かれていたことを示す史料がある。渡辺崋山《わたなべかざん》の紀行『毛武游記《もうぶゆうき》』である。崋山は天保二年十月に、江戸を立って桐生・足利などの両《りょう》毛《もう》地方を旅した。その紀行が『毛武游記』であるが、十月二十九日、画家として知られていた旅中の崋山は、誘われるままに前小屋天神という所で開かれた書画会に出席した。崋山の活写したその書画会の様子を、現代語訳して紹介しておこう。

会場は天神社の社殿と別当の住まいを一つにしたところであったが、たいへん狭かったので、参会者が溢れ、戸外に佇《たたず》んだり、階段の端にうずくまったりして、そのまま帰ってしまう人もあるようだった。社殿の外では、薩摩芋や鳥の煮物、酒や柿や蜜柑を売る人、また唐紙や扇を売る人もまじって、客を待っていた。書画会を見に来る人は、この酒や果物などを買って、楽しみながら食べるのである。この日は西風が強く、浅間山や妙義山あたりから吹き下ろす風がすさまじく、社殿はもちろんのこと、別当が住んでいる座敷でさえ、障子や唐紙がなく、壁や柱に掛けてある描き終わった紙などが、空高く舞い上がろうとしていた。居合わせた近郷の五十部《いそべ》村代官で儒者の岡田東塢《とうう》や漢詩人の宮沢雲山なども大いにあきれたけれど、私ひとり面白いことだと思って、人々と一緒に会場に上がった。書画会のご祝儀として、銭二百文ほどを包んだ紙包みが、富士山の雪のように白く積み上げてあった。人々が出迎えてくれたので、書画会の会主はどこにいるのだろうかと捜してみたが、どこにも見えなかった。そこで傍《かたわら》の人に訊いてみると、その人が会主であった。月代《さかやき》もそらず、髪もぼうぼうで、ただ垢《あか》のついた羽織を着ただけの人物であった。ご祝儀を出し与え、求められるままに絵筆を揮《ふる》った。見物する人が垣根のようになって押し寄せ、揮毫を終えた紙扇は山のようになったが、なかなか描き終わりそうにないので、途中で宮沢雲山・岡田東塢とともに長次郎の家に戻り、食事をした。酒も出してくれたが粗悪な酒で飲めたものではなかった。肴は欠けたお椀に盛られた菊の花に酢をかけたものであったが、清潔とは言い難いものだった。

書画会とはいえ、さながら田舎の社寺の縁日の趣きである。崋山自身も好奇心から出席してはみたものの、寒々としたうら淋しい思いにとらわれてしまったことが、文章の端々から窺われる。文雅の大衆化がもたらした、地方書画会の殺伐とした一風景であった。

文人サロンのゆくえ——エピローグ

書画会の残照

時代は明治に変わっても、書画会は東京・京都・大阪という三都はもちろんのこと、北は北海道の箱館から南は九州にいたるまで、各地で盛んに開かれた。高田早苗の『半峯昔ばなし』（昭和二年〈一九二七〉刊）の「東都書画会の光景」に次のように回想されている。

書画を好む者は此《こ》の会費を払つて会場に入ると酒と弁当位提供され、下谷《したや》文人の諸先生が正面に居並んで、蘭だの竹だの、特別品としては所謂《いわゆる》つくね芋山水などを揮毫《きごう》する。押し押せの混雑で、大勢の会衆が其前に進んで、代る〳〵画いてもらふといふのが大体の状況であつた。そして一通り右の揮毫が終ると、此の先生方の仲間で特別宴会を其場に開くのである。処が此の宴会なるものは、礼に始まりて後、乱に終るに定つて居た。

こうした明治初期の乱雑な書画会の様子を好んで描いたのは画家の河鍋暁斎《かわなべきょうさい》である。暁斎はしばしば招かれて書画会で席画しただけでなく、会主となって書画会を開いたこともあった。しかし、書画の鑑賞力を欠いた人々が集まり騒ぐイベントと化してしまった書画会を見る暁斎の視線には醒めたものがあり、暁斎の描いた書画会の図には、皮肉と風刺が満ち溢れている。

江戸文人サロンの後継者

幕末の江戸の町には、生業《なりわい》に努めるというわけでもなく、通人《つうじん》を気取り、茶番に興じ、ひたすら面白おかしく日々を過ごそうとした、能楽者《のうらくもの》と呼ばれる連中が登場した。その生態は文人というにはあまりに卑俗であるが、彼らは風流と滑稽を行動の規範として江戸およびその郊外を遊歩した。そうした能楽者たちの身につかない気取りと、愚行の失敗を笑い飛ばす作品として生まれたのが、滝《りゅう》亭鯉丈《ていりじょう》の『花暦八笑人《はつしようじん》』（初編は文政三年〈一八二〇〉刊）であり、梅亭金鵞《ばいていきんが》の『妙竹林話七偏《しちへん》人《じん》』（初篇は安政四年刊）である。

こうした幕末の能楽者たちの遊びを意識的に模倣しようとした文人たちの集まりが、明治二十年代の初頭に現れた。根岸（現在の東京都台東区根岸）に住む文人たちが中心になったことから根岸党と呼ばれるこのサロンに集まったのは、岡倉天心《おかくらてんしん》など東京美術学校関係者のほか、内閣官報局長の高橋健三、東京控訴院評定官の藤田隆三郎、文学者の饗庭篁《あえばこう》村《そん》・幸堂得知《こうどうとくち》・高橋太華《たいか》・森田思軒などであり、少し遅れて幸田露伴《こうだろはん》も加わった。

「根岸党……その言ふ処は駄洒落、その楽しむ処は酒、その嘲る処は半可通《はんかつう》、その罵る処は俗物」（『日本評論』明治二十四年〈一八九一〉五月）と評されたように、根岸党は詩酒に遊び、滑稽を楽しむ、反俗的な雰囲気の横溢するサロンであった。そして、そのメンバーは饗庭篁村を「アバコソ」、森田思軒を「モリシケ」などと詰言葉《つめことば》で呼び合うことで仲間意識を高め、東京の町中だけでなく、好んで郊外に遊び、さらにはうち揃って遠く木曾路や月ヶ瀬などへ旅行に出かけた。

そうした根岸党の旅行では、参加者が交代で執筆する、合作の紀行文が作られるようになった。その代表的な合作紀行文が、明治二十五年十一月の妙義山旅行の『草鞋記程《そうあいきてい》』である。根岸党はあくまでも文人交遊のサロンであって、文学的あるいは文化的な目標を掲げた結社ではなく、サロンとしても明治二十年代の後半には消滅した。しかし、この紀行文の合作という試みなどは、風流と滑稽の遊びを共有化しようとした根岸党サロンの特色を示しており、その精神が参加者それぞれの文学精神として分有されたことは、近代文学における露伴文学の特異なあり方を解く鍵として指摘されているところでもある。

紅葉館という社交場

明治十九年に演劇改良会が結成され、演劇改良運動が行われたように、明治十年代から二十年代にかけて、改良運動というものが流行した。江戸時代以来の後進的な日本の文学・文化・風俗・社会を、「改良」という方法によって西洋的に近代化しようとした試みである。明治十五年出版の『新体詩抄《しんたいししょう》』や、明治十八〜十九年刊の『小説神髄《しょうせつしんずい》』に見られる文学の改良運動のほか、美術や婦女や農事や社会の改良運動も展開された。

江戸における書画会などサロン的な交遊の場は、主として日本橋や両国や柳橋や向島《むこうじま》などの料理茶屋（料亭）であった。それらは明治になってもサロン的な交遊の場として機能したが、このような場にも「改良」の気運が及び、明治十四年に芝公園内の紅葉山に宏壮な紅葉館という料亭が造られた。日本鉄道会社社長の小野義真《おのぎしん》と読売新聞社社長の子安峻《こやすたかし》が中心となって立案し、もと南部藩士で京都府立外国語学校監督から転じた野辺地尚義《のべちなおよし》が支配人として運営した。

調度や器にも凝ったものを用い、能舞台まで併設した紅葉館は、「当時の上流社会の人々の為に優雅な遊び場所を造らうといふ考」（高田早苗『半峯昔ばなし』）から出た、会員制の高級料亭であった。五〇人ほどいたという女中にしっかりした教育を施して客を接待し、芸者を呼ばず、いかがわしさを排除した紅葉館は、江戸以来の料理茶屋を「改良」した、明治の上流階級の社交場として出発した。アメリカでは、来日した人士の間で、紅葉館は「メープル倶楽部」として有名だったといい、また「海外の賓客を迎へて、其の所謂メープル・ダンスを見せる場所ともなつた」（同右）という。

創立者の一人であった子安峻が読売新聞の社長であったことから、紅葉館は読売新聞の関係者が多く利用した。読売新聞社の社員だった尾崎紅葉《おざきこうよう》もしばしば通うようになり、やがてその関係から、硯友社《けんゆうしゃ》に集う文士や書生たちが頻繁に出入りするようになった。そのために、「紅葉館の書生化」（同右）が始まったという。紅葉館の女中お須磨を硯友社の巌《いわ》谷小波《やさざなみ》と出版社博文館の社長大橋新太郎が争い、その三角関係が紅葉の『金色夜叉《こんじきやしゃ》』のモデルになったことはよく知られている。その後、硯友社関係以外の文学者たちも多く出入りするようになり、明治文壇の社交場としての役割も果たすことになるのである。

西洋近代サロンへの憧れ

尾崎紅葉に率いられた硯友社は、江戸戯作の風俗小説的な要素を受け継ぎつつ、明治の新文学を樹立しようとした文士たちの集まりであった。

しかし、明治三十年代の半ば過ぎになると、フランス自然主義の影響下、島崎藤村《しまざきとうそん》の『破戒』（明治三十九年刊）や田山花袋《たやまかたい》の『蒲団』（明治四十年刊）のような、客観描写や自己告白を重視する自然主義文学が登場し、硯友社に代わって近代文学の一大勢力となった。そうした自然主義文学系の文学者たちのサロンが龍土会である。

龍土会の中心にいたのは話好きの柳田国男で、当初は牛込の柳田国男宅が会場だったが、やがて麻布のフランス料理屋 龍土軒《りゅうどけん》に会場が移り、明治三十八年頃に会の名称も龍土会に定まった。柳田・藤村・花袋の他に、小栗風葉《おぐりふうよう》や徳田秋声や国木田独歩《くにきだどっぽ》なども参加するようになった龍土会は、「文芸上の共通の新空気が導入され、自由な思想の交流が行はれた」、「一の微少なる移動的倶楽部の如きもの」（蒲原有明《かんばらありあけ》『飛雲抄』）であったという。

当時の文壇から、龍土会は「自然主義の母胎もまさしく此処《ここ》であり、さらにまた半獣主義、神秘主義、象徴主義などの、新主義新主張がその奇怪な爪を磨くのもこの辺」だと（同右）と見られていたというが、明治四十年代になると衰退の兆しが見え始めた。その原因について蒲原有明は「ジヤアナリズムの波の浸入といふこと」を挙げている。江戸の文人サロンの頽落とジャーナリズムとの関係については、本書のプロローグで指摘したところである。同じような事態が近代の文人サロンにおいても繰り返されていたことになる。

この会が龍土軒に集まるようになったのは、フランスから帰国した美術史家岩村透の提案によるものだったらしい。折から明治の知識人や芸術家の中にも、ヨーロッパ留学の経験者がしだいに増えてきていた。彼らはヨーロッパ留学で目の当たりに体験した、新しい文学・芸術運動に大きな影響を受け、帰国後、それを遅れた日本に移植しようと試みた。新たに留学から帰国した者だけでなく、新しいヨーロッパの美術や文学に関心の深い文学者や美術家たちにとっても、交遊の場は旧来の料亭よりもヨーロッパ風の料理屋《レストラン》やカフェのほうが好ましかったのは当然であろう。

そのようなヨーロッパの文学・芸術の新動向に関心を抱く、石井柏亭《いしいはくてい》・森田恒友《もりたつねとも》・山本鼎《かなえ》などの美術雑誌『方寸《ほうすん》』グループと、木下杢太郎《もくたろう》・北原白秋・吉井勇などの文学雑誌『明星』グループとが合流して、明治四十一年十二月に結成されたサロンが「パンの会」であった。パンとはギリシア神話の牧羊神の名で、牧場の羊を守って巧みに笛を吹き鳴らすことから、芸術のシンボルを意味するという。

第一回のパンの会は、両国橋近くの西洋料理屋「第一やまと」で開かれた。以後、永代橋際の深川佐賀町のレストラン永代亭、小網町鎧橋際のメイゾン鴻の巣、日本橋大伝馬町にあった西洋館のレストラン三州屋などが会場になった。いずれも隅田川畔かその近隣の西洋料理屋である。隅田川をパリのセーヌ川に、このような西洋料理屋をセーヌ川畔のレストランやカフェに見立てて、エキゾチックなサロンの雰囲気を味わおうとしたのである。

折しもフランスの印象派の美術では、ジャポニスム（エキゾチスムとしての日本趣味）が流行していた。フランスの新しい芸術や文学の動向に敏感なパンの会の出席者たちは、江戸的なものを懐古的にではなく、ジャポニスムのメガネを通して見るようになった。隅田川畔や日本橋という江戸的な風物の色濃く残る下町は、彼らにとって、ヨーロッパの新思潮であるジャポニスムを追体験するための恰好の場所に他ならなかったのである。それが下町の西洋料理屋が会場に選ばれた理由でもあった。

このようにして、明治四十年前後になってようやく近代の文人サロンの雛形ともいうべき、龍土会やパンの会が登場した。しかし、その内実は果たしてどのようなものであったのか。また、江戸の文人サロンとはどのように接続し、どのように断絶しているのか、それは興味深い問題であるが、すでに本書のテーマを越えている。ここで筆を擱《お》くことにしよう。

参考文献

「サロン」と「文人」—プロローグ

松岡正剛編『クラブとサロン』NTT出版、一九九一年

長谷川輝夫「アンシャン・レジーム下の社交文化」(『アソシアシオンで読み解くフランス史』〈結社の世界史3〉山川出版社、二〇〇六年

川北　稔「開かれた社交・閉じられた社交」(『結社のイギリス史』〈結社の世界史4〉山川出版社、二〇〇六年

山崎正和『社交する人間』中央公論新社、二〇〇三年

揖斐　高「江戸の文人サロン」(『江戸の文人交友録』〈平成十年度特別展図録〉世田谷区立郷土博物館、一九九八年。　＊後に改稿して「近世の文人サロン」という題で、『近世文学の境界—個我と表現の変容—』岩波書店、二〇〇九年に収録。

商都大坂の漢詩サロン

多治比郁夫の「詩人の誕生—幽蘭社・賜杖堂・混沌詩社—」など一連の混沌社研究は『京阪文藝史料』第一巻、青裳堂書店、二〇〇四年に集成されている。

野間光辰「蒹葭堂会始末」(『近世大阪藝文談叢』)中尾松泉堂・赤尾照文堂、一九七三年
水田紀久『水の中央に在り　木村蒹葭堂研究』岩波書店、二〇〇二年
多治比郁夫校注『在津紀事』(新日本古典文学大系『当代江戸百化物・在津紀事・仮名世説』)岩波書店、二〇〇〇年
野間光辰監修『浪華混沌詩社集』(近世文藝叢刊8)般庵野間光辰先生華甲記念会、一九六九年
揖斐　高「詠史の展開―『野史詠』から『日本楽府』へ―」(『江戸詩歌論』)汲古書院、一九九八年

江戸狂歌サロンの実像

浜田義一郎『大田南畝』〈人物叢書〉吉川弘文館、一九六三年
浜田義一郎『江戸文藝攷』岩波書店、一九八八年
石川　了「狂歌の流行―江戸天明狂歌を中心に―」(『講座　日本の伝承文学』第二巻)三弥井書店、一九九五年
石川　了「天明狂歌壇の連について―唐衣橘洲一派を中心に―」(『雅俗』第四号)雅俗の会、一九九七年
石上　敏「狂文宝合會報條摺物に触れて」(『書誌学月報』第五八号)青裳堂書店、一九九六年
松田高行・山本陽史・和田博通「略註『たから合の記』」(『江戸の文事』)ぺりかん社、二〇〇〇年
小林ふみ子他『『狂文宝合記』の研究』汲古書院、二〇〇〇年
小林ふみ子『天明狂歌研究』汲古書院、二〇〇九年

蘭学と桂川サロン

今泉源吉『蘭学の家 桂川の人々』正篇・続篇・最終篇、篠崎書林、一九六五・一九六八・一九六九年
石上　敏『万象亭森島中良の文事』翰林書房、一九九五年
戸沢行夫『江戸がのぞいた〈西洋〉』教育出版、一九九九年
杉本つとむ『図録 蘭学事始』早稲田大学出版会、一九八五年
森　銑三『森銑三著作集』第五巻（「おらんだ正月」など蘭学関係の巻）中央公論社、一九七一年
岡村千曳『紅毛文化史話』創元社、一九五三年

奇物奇談の考証サロン

野口武彦「考証随筆の想像力」（『文学界』第五〇巻第五号）文藝春秋、一九九六年
山本陽史「山東京伝の考証随筆と戯作」（『国語と国文学』第六三巻第一〇号）東京大学国語国文学会、一九八六年
佐藤　悟「考証随筆の意味するもの―柳亭種彦と曲亭馬琴―」（『国語と国文学』第七〇巻第一一号）東京大学国語国文学会、一九九三年
小出昌洋解題『耽奇漫録』（日本随筆大成・第一期別巻）吉川弘文館、一九九三年
日本随筆大成編輯部編『兎園小説』『同外集』『同別集』『同余録』『同拾遺』（日本随筆大成・第二期第一巻、第三巻～第五巻）吉川弘文館、一九七三年～一九七四年
岩本活東子編「けんどん争ひ」（『新燕石十種』第二巻）中央公論社、一九八一年

文人サロンの喧騒

揖斐　高『江戸の詩壇ジャーナリズム―『五山堂詩話』の世界―』角川書店、二〇〇一年
日本随筆大成編輯部編『日本随筆大成』第三期第一一巻、吉川弘文館、一九七七年　＊「妙々奇談もの」を集成する。
藤田徳太郎「妙々奇談」（『国語と国文学』第八巻第二号）東京大学国語国文学会、一九三一年
中村幸彦「馬琴の書画会」（『中村幸彦著述集』第一二巻）中央公論社、一九八三年
小林　忠「江戸時代の書画会」（『徳川の平和』〈江戸時代とは何か1〉）至文堂、一九八〇年
ロバート・キャンベル「天保期前後の書画会」（『近世文藝』第四七号）日本近世文学会、一九八七年

文人サロンのゆくえ―エピローグ

成田山書道美術館・川鍋暁斎記念館編『酔うて候―河鍋暁斎と幕末明治の書画会―』思文閣出版、二〇〇八年
藤井淑禎「根岸党における露伴」（『国文学　解釈と鑑賞』第四三巻五号）至文堂、一九七八年
坪内祐三「極私的東京名所案内(1)〜(12)」（『彷書月刊』一一巻三号〜一二巻二号）彷徨社、一九九五年〜九六年
臼井吉見編『明治文学回顧録集』一・二（明治文学全集98・99）筑摩書房、一九八〇年
野田宇太郎『パンの会』六興出版社、一九四九年

あとがき

十年以上も前のことであるが、一九九八年九月に東京都世田谷区立郷土博物館で「江戸の文人交友録　亀田鵬斎《かめだぼうさい》とその仲間たち――渥美コレクションを中心に」と題する特別展が開かれた。俳優で江戸の文人書画の蒐集・研究家でもあった渥美國泰《あつみくにやす》氏のコレクションを中心にした本格的な江戸時代後期の文人書画展で、武田庸二郎《たけだようじろう》氏ほか学芸員諸氏の熱意によって、出版された図録も充実したものになった。縁あって、私は展示期間中に「江戸の文人サロン」と題する講演をすることになり、図録にも同題の小文を寄稿させていただいた。

その図録に掲載された小文がきっかけとなって、本書は出版されることになった。図録の小文を読まれた吉川弘文館の一寸木《ますき》紀夫さんは、江戸の文人サロンのあり方に興味を持たれたらしく、小文の内容をもう少し広げる形で、「歴史文化ライブラリー」の一冊としてまとめるつもりはないかと誘ってくださったのである。

それまで柏木如亭《かしわぎじょてい》や大窪詩仏《おおくぼしぶつ》という江戸時代後期の漢詩人の年譜作成に取り組んだことのある私は、年譜作成の過程で江戸の文人たちの「交遊」の具体的な様相やその文化的な意味といったものを明らかにしたいと思うようになっていたので、この提案はいわば渡りに舟だった。ためらうことなく応諾の返事をし、原稿の締め切りは四年後の二〇〇二年七月ということになった。

執筆のための材料はある程度手元にあり、自分なりに問題意識もはっきりしていたので、当初執筆に苦労するとはあまり思っていなかった。しかし、いざ原稿に取りかかってみると、なかなか思うようには筆が進まないことに気付いた。もともと国文学畑の私は、文学作品の分析や作家研究のような文章はある程度書き慣れていたが、文化史的な記述に慣れておらず、勝手が違ったのである。

そうこうしているうちに、勤務先の大学で多忙な役職に就くことになってしまったあげく、役職から解放されると、今度は目の不調で手術をすることになり、さらには眩暈《めまい》に悩まされるというように、相次いで体調不良に見舞われることになってしまった。原稿執筆の方は先延ばしにされ続け、その結果、約束の締め切りはとっくに過ぎてしまった。

そのような時、二〇〇八年四月から一年間、勤務先の大学から学外研修の機会を与えられることになった。授業や諸会議を免除されて比較的自由な時間が持てるこの機会を逃しては、もうこの原稿を書き上げることはできないであろうと思った。覚悟を決めてあらためて材料を取りそろえて点検し、三か月ほどでようやく脱稿したのが本書である。

本書を出版するよう声をかけてくれた一寸木さんにはすっかりご迷惑をかけてしまったが、難産の末にどうにか産まれ出た本書によって、江戸時代の文人たちやそのサロンについて、読者の皆さんが興味を抱いてくれるようになれば、と願っている。一寸木さんはもとより、本書のもとになった小文の執筆を慫慂してくれた世田谷区立郷土博物館の武田庸二郎さん、また本書の制作に携わってくれた吉川弘文館の並木隆さんに、末筆ながらお礼を申し上げたい。

二〇〇九年六月

揖　斐　高

著者紹介

一九四六年、北九州市に生まれる

一九七六年、東京大学大学院博士課程修了

現在、成蹊大学文学部教授

主要著書

江戸詩歌論　遊人の抒情―柏木如亭―　近世文学の境界―個我と表現の変容―

歴史文化ライブラリー
278

江戸の文人サロン
知識人と芸術家たち

二〇〇九年（平成二十一）九月一日　第一刷発行

著　者　揖《い》斐《び》　高《たかし》

発行者　前田求恭

発行所　株式会社 吉川弘文館

東京都文京区本郷七丁目二番八号
郵便番号一一三―〇〇三三
電話〇三―三八一三―九一五一〈代表〉
振替口座〇〇一〇〇―五―二四四
http://www.yoshikawa-k.co.jp/

印刷＝株式会社平文社
製本＝ナショナル製本協同組合
装幀＝清水良洋・渡邉雄哉

歴史文化ライブラリー

1996.10

刊行のことば

現今の日本および国際社会は、さまざまな面で大変動の時代を迎えておりますが、近づきつつある二十一世紀は人類史の到達点として、物質的な繁栄のみならず文化や自然・社会環境を謳歌できる平和な社会でなければなりません。しかしながら高度成長・技術革新にともなう急激な変貌は「自己本位な刹那主義」の風潮を生みだし、先人が築いてきた歴史や文化に学ぶ余裕もなく、いまだ明るい人類の将来が展望できていないようにも見えます。

このような状況を踏まえ、よりよい二十一世紀社会を築くために、人類誕生から現在に至る「人類の遺産・教訓」としてのあらゆる分野の歴史と文化を「歴史文化ライブラリー」として刊行することといたしました。

小社は、安政四年(一八五七)の創業以来、一貫して歴史学を中心とした専門出版社として書籍を刊行しつづけてまいりました。その経験を生かし、学問成果にもとづいた本叢書を刊行し社会的要請に応えて行きたいと考えております。

現代は、マスメディアが発達した高度情報化社会といわれますが、私どもはあくまでも活字を主体とした出版こそ、ものの本質を考える基礎と信じ、本叢書をとおして社会に訴えてまいりたいと思います。これから生まれでる一冊一冊が、それぞれの読者を知的冒険の旅へと誘い、希望に満ちた人類の未来を構築する糧となれば幸いです。

吉川弘文館

〈オンデマンド版〉
江戸の文人サロン
知識人と芸術家たち

On Demand
歴史文化ライブラリー
278

2019年（令和元）9月1日　発行

著　者　揖《い》斐《び》　高《たかし》
発行者　吉川道郎
発行所　株式会社　吉川弘文館
〒113-0033　東京都文京区本郷7丁目2番8号
TEL　03-3813-9151〈代表〉
URL　http://www.yoshikawa-k.co.jp/

印刷・製本　大日本印刷株式会社
装　幀　清水良洋・宮崎萌美

揖斐　高（1946～）

ISBN978-4-642-75678-5